# A síndrome do medo contemporâneo e a violência na escola

Cultura, Mídia e Escola

# A síndrome do medo contemporâneo e a violência na escola

Luiz Alberto Oliveira Gonçalves
Sandra Pereira Tosta
(Organizadores)

autêntica

Copyright © 2008 by Os autores

COORDENADORA DA COLEÇÃO
*Sandra Pereira Tosta*

CONSELHO EDITORIAL
*Marco Antônio Dias* – Universidade Livre das Nações Unidas; *Tatiana Merlo Flores* – Instituto de Investigación de Medias e Universidade de Buenos Ayres; *Paula Monteiro* – USP; *Graciela Batallán* – Universidade de Buenos Ayres; *Mírian Goldemberg* – UFRJ; *Neusa Maria Mendes de Gusmão* – Unicamp; *Márcio Serelle* – PUC Minas; *Angela Xavier de Brito* – Université René Descartes-Paris V; *José Marques de Melo* – USP e Cátedra UNESCO/Metodista de Comunicação; *Joan Ferrés i Prates* – Universidad Pompeu Fabra-Barcelona

CAPA
*Patrícia De Michelis*

EDITORAÇÃO ELETRÔNICA
*Conrado Esteves*

REVISÃO
*Aiko Mine*

Todos os direitos reservados pela Autêntica Editora.
Nenhuma parte desta publicação poderá ser reproduzida, seja por meios mecânicos, eletrônicos, seja via cópia xerográfica sem a autorização prévia da editora.

**AUTÊNTICA EDITORA LTDA.**
Rua Aimorés, 981, 8° andar . Funcionários
30140-071 . Belo Horizonte . MG
Tel: (55 31) 3222 68 19
TELEVENDAS: 0800 283 13 22
www.autenticaeditora.com.br

---

Dados Internacionais de Catalogação na Publicação (CIP)
(Câmara Brasileira do Livro, SP, Brasil)

A síndrome do medo contemporâneo e a violência na escola / Luiz Alberto Oliveira Gonçalves, Sandra Pereira Tosta (organizadores). – Belo Horizonte : Autêntica Editora, 2008. (Coleção Cultura, Mídia e Escola / coordenadora Sandra Pereira Tosta)

Bibliografia.
ISBN 978-85-7526-351-8

1. Educação de crianças 2. Violência - Aspectos sociais 3. Violência nas escolas I. Gonçalves, Luiz Alberto Oliveira. II Tosta, Sandra Pereira. III. Série.

08-08632                                                                 CDD-306.43

Índices para catálogo sistemático:
1. Violência e educação: sociologia educacional 306.43
2. Educação e violência: sociologia educacional 306.43

# Sumário

APRESENTAÇÃO.................................................... 7
*Luiz Alberto Oliveira Gonçalves e Sandra Pereira Tosta*

INDISCIPLINA OU VIOLÊNCIA NA ESCOLA?
UMA DISTINÇÃO POSSÍVEL E NECESSÁRIA..................... 15
*Luciano Campos da Silva e Maria Alice Nogueira*

AGRESSIVIDADE E VIOLÊNCIA NA EDUCAÇÃO INFANTIL.... 63
*Iza Rodrigues da Luz e Luiz Alberto Oliveira Gonlçalves*

PENSAR A CONSTITUIÇÃO DA CARREIRA CRIMINOSA.
UM DIÁLOGO ENTRE A SOCIOLOGIA E A EDUCAÇÃO..... 103
*Almir de Oliveira Júnior*

ZOAÇÃO E PROCESSOS DE ESCOLARIZAÇÃO JUVENIL....... 121
*Paulo Henrique Nogueira e Luiz Alberto Oliveira Gonlçalves*

VIOLÊNCIA ESCOLAR: PERCEPÇÃO
E REPERCUSSÃO NO COTIDIANO DA ESCOLA................... 153
*Célia Auxiliadora dos Santos Marra e Sandra Pereira Tosta*

"COMPLEXO DE EMÍLIO". DA VIOLÊNCIA NA ESCOLA
À SÍNDROME DO MEDO CONTEMPORÂNEO..................... 191
*Gilmar Rocha*

CINEMA E VIOLÊNCIA: UMA ANÁLISE DE *LARANJA MECÂNICA*, *DOGVILLE* E *CIDADE DE DEUS*.................... 221
*Verlaine Freitas*

OS AUTORES................................................................ 253

# Apresentação

O debate sobre violência e violência na escola é por demais importante na atualidade, seja em razão dos índices alarmantes que denunciam o crescimento dos atos violentos acometidos ou que acometem as mais diversas camadas da população, em nível mundial, seja em razão da perplexidade que acomete estudiosos do fenômeno. Esse cenário extremamente complexo, que emoldura a violência nas mais variadas formas produzindo medos e pavores sobre como ela vem acontecendo, corrói explicações até pouco tempo satisfatórias para o fenômeno.

Explicações que, muitas vezes, orientaram a formulação de políticas públicas de segurança que hoje pouco servem ou se mostram ineficazes. Associada a isso, uma certa "estetização" do crime e da transgressão, criadas e publicizadas pela mídia, pouco ajudam na compreensão para o esclarecimento da população acerca dessa realidade. Essas já seriam razões suficientes para entrarmos nesse debate com a finalidade de oferecermos reflexões diferenciadas e reanguladas sobre a violência, bem como contribuir na busca de alternativas de solução.

Contudo, muitas foram as questões que motivaram os artigos que compõem a presente coletânea, o que resultou em diferentes análises acerca de uma variedade de situações e eventos que ocorrem, simultaneamente, no interior das instituições escolares e da sociedade contemporânea, envolvendo os segmentos juvenis e outros. Tais ocorrências nos provocam, exigindo de nós (pais, educadores, pesquisadores e gestores públicos) uma atenção mais cuidadosa e apurada para com as transformações pelas quais passa o mundo em que vivemos.

Alguns dos temas que serão abordados no presente livro, que integra a coleção **"Cultura, Mídia e Escola"**, são velhos conhecidos, sobretudo, daqueles que se ocupam da educação das novas gerações. Por exemplo, quem não se inquieta com a indisciplina escolar? Basta conversar com os corpos docentes, sejam estes de escolas públicas ou privadas, e logo a questão é posta na roda de discussão. Há quem diga que, hoje, é praticamente impossível exercer a função docente face à perda de respeito dos alunos em relação a seus mestres. Ora se atribui a pouca disciplina à falta de interesse do aluno, ora a pouca atenção dos pais ao exigir o cumprimento das regras sociais, ora à crise da autoridade professoral, cada vez mais contestada ante os novos meios de difusão de informação e de conhecimento.

Mas a indisciplina, como se verá, é um fenômeno que está na origem da escola do mundo moderno. Sua existência sempre foi um desafio para as instituições controladoras, ou seja, estas nunca conseguiram tornar completamente os "corpos dóceis".

Mas por que será que esse movimento dos estudantes na contramão do controle social tem produzido tanto desânimo para o corpo docente? No artigo "Indisciplina ou violência na escola? Uma distinção possível e necessária", os autores Luciano Campos da Silva e Maria Alice Nogueira destrincham o significado de cada termo e explicitam a implicação de cada um deles no processo educacional. Inicialmente, destacam o tratamento dos termos na literatura específica, em seguida, consideram como são definidos por professores com base em suas experiências, produzindo, assim, um contraponto importante para se pensar na polissemia semântica do termo indisciplina, e por fim detalham em minúcias o que caracteriza um comportamento indisciplinado e uma conduta violenta.

Outros dois temas, também nossos velhos conhecidos, são os seguintes: o primeiro se refere à agressividade na infância, muitas vezes incompreendida, talvez em função de uma dada imagem que o mundo ocidental difundiu sobre a criança, principalmente no século XX, ou mesmo de uma visão acanhada que não vê a agressividade como um componente importante na constituição do sujeito humano. De uma certa forma, o artigo aqui apresentado, "Agressividade e Violência na Educação Infantil", de Iza Rodrigues da Luz e Luiz Alberto Oliveira Gonçalves, buscará esclarecer pontos de vistas, tanto da psicanálise quanto da sociologia, que colocam o tema da agressividade em uma perspectiva educacional, tendo como foco crianças atendidas em creches.

O outro tema é o da criminalidade juvenil que, cada vez mais, tem assombrado as sociedades contemporâneas, dada a profusão de imagens e situações críticas divulgadas pela mídia, sobretudo, pelo telejornalismo, tendo os jovens no centro de atos criminosos.

O artigo "Pensar a Constituição da Carreira Criminosa. Um diálogo entre a sociologia e a educação", de Almir de Oliveira Júnior, retoma um debate importante sobre a "produção da criminalidade" entre os jovens, que estava, de certa forma, esquecido e que não tem sido considerado suficientemente pelos educadores. Mostra, por meio de algumas teorias sociológicas, que a entrada no mundo do crime exige um tipo de "aprendizado", ou seja, ninguém nasce criminoso, mas chega-se aí por meio de um processo que se constitui como uma carreira na qual os indivíduos vão sendo introduzidos aos poucos.

No conjunto da coletânea há temas mais recentes que, na maioria das vezes, coexistem em um mesmo contexto social, confundindo-se e produzindo incompreensões. Um deles é o que, no vocabulário de grande parte de nossos jovens, chama-se de "zoação" – formas de manifestações juvenis que visam, na maioria das vezes, descontrair o ambiente, introduzindo uma lógica que contraria a lógica normativa estabelecida. Porém, tal tema não é entendido dessa forma por todos, o que acaba gerando conflitos, sobretudo, entre alunos e professores. Desse modo, o artigo intitulado "Zoação e Processos de Escolarização Juvenil", de Luiz Alberto de Oliveira Gonçalves e Paulo Henrique Queiroz Nogueira, analisa cenas escolares, mostrando o quanto essa prática constrói níveis importantíssimos de sociabilidade dos alunos entre si e conserva a ambigüidade entre identidade discente e identidade juvenil. Na primeira, encontra-se a incorporação das regras escolares propriamente ditas, e na segunda situam-se elementos que contradizem essas regras preservando a liberdade juvenil. A zoação, se percebida como algo pró-ativo, poderia ajudar na construção de uma escola liberada de formas instituídas e persistentemente velhas.

No artigo "Violência escolar: percepção e repercussão no cotidiano da escola", as autoras, Célia Auxiliadora dos Santos Marra e Sandra de F. Pereira Tosta mergulham no cotidiano de uma escola pública e revelam os significados atribuídos a múltiplas situações de violência presentes no seu interior, que vão desde a "sistemática falta às aulas" por parte de professores até a chegada "de projetos de ajuda" na escola, sem que sua comunidade sequer saiba ou tenha participado desta decisão.

E o terceiro, "'Complexo de Emílio'. Da Violência na Escola à Síndrome do Medo Contemporâneo", de autoria de Gilmar Rocha, como o próprio título já indica, analisa como a violência vincula-se ao medo que tem contaminado as experiências pessoais, aumentando a insegurança, gerando pânico, produzindo uma espécie de desorientação coletiva.

Examinando cada um desses artigos, pode-se ver que, na base da ação e reação das pessoas frente à indisciplina, à agressividade, à criminalidade juvenil e à violência em meio escolar, o medo predomina. Real ou imaginário, é esse sentimento poderoso que tem imobilizado os atores em questão. Simples indisciplina ou zoação, ausência do professor, falta de verbas para a merenda são freqüentemente vistas como violência. Muitas vezes aciona-se a polícia nas escolas para resolver questões que, outrora, eram solucionadas na orientação educacional. Diálogos com pais ou com docentes são entrecortados por falas que expressam total temor e impotência ante o que assistem no cotidiano e, principalmente, no contexto escolar.

Neste livro trazemos, ainda, uma contribuição original e instigante que permitirá ao leitor ampliar em muito o desafio que é compreender a violência na sociedade contemporânea. É o artigo de Verlaine Freitas, "Cinema e violência - Uma análise de *Laranja mecânica, Dogville e Cidade de Deus*", no qual o autor problematiza as teses de um dos principais filósofos da Escola de Frankfurt, Theodor Adorno, sobre os meios de comunicação de massa e seus efeitos sociais. Buscando argumentos na psicanálise e na construção da subjetividade, Freitas mostra como a cultura de massa deve ser analisada criticamente, para demonstrar o quanto ela se serve da violência e a dissemina, e como pode servir de objeto de reflexão enriquecedora sobre a relação mídia, violência e sociedade. Para isso ele analisa três produtos da indústria cultural, os filmes: *Laranja mecânica*, *Dogville* e *Cidade de Deus*.

Na realidade, o conjunto da obra nos mostra que, sobre a situação de violência que vivenciamos, o que se tem são sinais e sintomas de algo que nos paralisa, como diria o clássico psicanalista cubano, Emilio Mira Y Lopes (1949/1956), ao falar desse "gigante da alma", o mais arcaico dos sentimentos que, para existir, segundo ele, "é preciso que haja um impulso primário atiçado por ameaças externas". O fato é que, quem quer que hoje, trate com os temas propostos nesta coletânea, tem de lidar, queira ou não, com a questão do medo, ou mais precisamente, tem de "lutar contra ele". Que ninguém se engane, pois, "já vai longe", diria Mira Y Lopes, "o tempo em que muitos ingênuos acreditavam que o medo era 'saudável', pois representava um dispositivo do chamado 'instinto de conservação', que nos salvaguardava, prevenindo-nos contra os perigos e afastando-nos deles" (MIRA Y LOPES, 1956, p. 95).

Na atualidade, como assinala o antropólogo, Gilmar Rocha, em seu referido artigo nesta coletânea, a síndrome do medo contemporâneo tem dimensões globais, ou seja, está associado aos efeitos da "globalização negativa", como enfatiza Zigmunt Bauman (2007). Nessa conjuntura, a violência em meio escolar descontrola e desorienta quando se sabe que ela pode estar associada ao crime organizado, ao envolvimento com tráfico de drogas que estende seus tentáculos sobre nossos alunos, em todas as faixas etárias, coopta-os e submete-os as suas hierarquias (CASTELLS, 1999). Em outros termos, a luta contra a síndrome do medo contemporâneo terá de ser uma luta global.

Foi assim que se imaginou o corpo da presente obra. Da síndrome do medo contemporâneo, passamos por temas cruciais como nossa relação com a cultura da mídia e com a violência em meio escolar.

Resta-nos, então, desejar a todos uma excelente leitura, na expectativa de que, ainda que pequena, tenhamos contribuído para o debate (e a busca de alternativas de solução) sobre o fenômeno da violência que nos cerca e envolve a cada dia.

**Luiz Alberto Oliveira Gonçalves**
**Sandra Pereira Tosta**
(ORGANIZADORES)

## Referências

BAUMAN, Z. *Tempos líquidos*. Rio de Janeiro: Zahar, 2007.

CASTELLS, M. *Fim de milênio*. São Paulo: Paz e Terra, 1999.

MIRA Y LOPES, E. *Quatro gigantes da alma: o medo, a ira, o amor, o dever*. Rio de Janeiro: José Olympio, 1956.

# Indisciplina ou violência na escola? Uma distinção possível e necessária

*Luciano Campos da Silva*
*Maria Alice Nogueira*

Neste texto, descrevemos alguns dos resultados de uma pesquisa recém-finalizada, junto a duas turmas concluintes do ensino fundamental de uma escola da rede municipal de Belo Horizonte que teve por objeto de investigação o fenômeno da indisciplina. Nosso objetivo principal é discutir alguns limites e possibilidades de distinção conceitual entre os fenômenos da indisciplina e da violência escolar. Distinção que temos defendido como necessária, face, principalmente, ao uso indiscriminado que se tem observado nos últimos anos, do conceito de violência e do perigo real de tomá-lo como principal aglutinador simbólico dos eventos "disruptivos" ocorridos na escola e na sala de aula.

Para isso, efetuamos dois movimentos analíticos: no primeiro deles, centrado em alguns recentes e significativos trabalhos científicos sobre essas duas temáticas, buscou-se evidenciar as polêmicas e confusões que vêm marcando, nos últimos anos, o uso desses dois conceitos no campo acadêmico; no segundo, centrado nos dados provenientes da pesquisa empírica acima mencionada, esses dois fenômenos são discutidos tanto a partir das representações dos professores investigados, quanto dos registros dos comportamentos efetivamente observados em sala de aula.

A investigação, de caráter eminentemente qualitativa, se fez por meio de observação direta – durante aproximadamente um ano – das aulas dos diversos professores que lecionavam nas duas turmas investigadas, e por entrevistas e conversas informais realizadas junto a alunos e professores.[1] Os resultados indicam a necessidade/possibilidade de uma distinção entre os fenômenos e revelam a importância de se compreender melhor o fenômeno da indisciplina que, embora intrinsecamente pouco grave, situa-se como um sério entrave à socialização e às aquisições cognitivas dos alunos, conforme têm indicado estudos mais recentes.

Esse é o caso, por exemplo, do relatório nacional do Programa Internacional de Avaliação de Estudantes (PISA), de 2001, que revelou que o clima disciplinar de uma escola influencia significativamente nos resultados dos alunos. O problema se torna ainda mais grave quando se constata que se, de modo geral, todos os alunos perdem com o clima disciplinar degradado de uma escola, são os alunos com nível socioeconômico e cultural desfavorecido que mais fortemente têm seus resultados escolares impactados por essa ausência de um bom clima disciplinar.[2]

---

[1] Ao todo foram realizadas sete entrevistas individuais com os professores e 30 com alunos especialmente selecionados. Apenas uma docente não se mostrou disponível para a realização da entrevista. Além disso, a pesquisa contou com entrevistas realizadas com alguns pais e outras fontes de dados aqui não explorados.

[2] O clima disciplinar é medido nessa pesquisa a partir da conjugação de fatores como: a freqüência de interrupções nas aulas por questões disciplinares, o quanto a concentração dos alunos é prejudicada por atitudes de colegas, o respeito declarado pelos alunos a seus professores, com que

Nesse mesmo sentido, um grande *survey* realizado em 2003 pela UNESCO, em parceria com o Ministério da Educação brasileiro, junto a alunos, professores e coordenadores de escolas do Ensino Médio em 13 capitais brasileiras, revelou que a indisciplina constitui um verdadeiro drama para as escolas. Assim, aproximadamente quatro em cada dez alunos afirmam que um dos principais problemas da escola são os alunos indisciplinados. Já entre os professores, aproximadamente cinco em cada dez mencionam a indisciplina como um dos principais problemas que enfrentam em seu ofício. Esses dados ajudam a entender o porquê de 30% dos alunos e 40% dos professores declararem que o que não gostam nas escolas são dos alunos (ABRAMOVAY; RUA, 2002).[3]

Já um estudo realizado, em 2005, pelo INEP e intitulado *Pesquisa Nacional Qualidade da Educação: a Escola Pública na opinião dos pais*, que investigou a percepção dos pais de alunos de escolas públicas localizadas em regiões urbanas do país sobre a qualidade das escolas, suas condições institucionais, de infra-estrutura e de ensino, e a atuação de professores e diretores, revelou uma forte opinião parental de que a autoridade escolar estaria se enfraquecendo, o que impactaria decisivamente na qualidade do trabalho por ela realizado. Não por acaso, esses pais tendem

---

freqüência os alunos declaram "matar aulas" e a relação de alunos com álcool e drogas. Vê-se que, embora se fale de clima disciplinar da escola, os itens parecem descrever melhor o clima disciplinar da sala de aula.

[3] Acreditamos que poderíamos encontrar dados ainda mais alarmantes no ensino fundamental, já que os estudos internacionais acerca da indisciplina escolar mostram que não é entre os alunos mais velhos que a indisciplina alcança seus maiores índices, mas sim entre aqueles na faixa etária entre 14 e 15 anos. Essa constatação é feita por Estrela (1992), com base na revisão da literatura sobre o tema.

a avaliar de forma mais positiva os diretores de escola que, segundo eles, teriam uma atuação mais firme e rigorosa sobre a indisciplina dos alunos. Por isso, os pais sugerem o imediato restabelecimento e a ampliação da autoridade de professores, diretores e equipe técnica.

## Indisciplina ou violência na escola: tensões, flutuações e oscilações no emprego dos termos

O agravamento constante do fenômeno contemporâneo da violência escolar e o crescente destaque que ele vem ganhando, seja na mídia, nos órgãos governamentais, seja no campo científico, tornam cada vez mais importante uma clarificação e distinção entre os conceitos de violência e indisciplina escolar, objetivando delimitar melhor os tipos de comportamentos que eles descrevem e abrangem. Essa exigência se faz necessária principalmente quando se constata que haveria uma tendência em se utilizar o conceito de violência como principal aglutinador simbólico dos fenômenos disruptivos observados nas escolas do mundo todo, o que não se faz sem atrair fortes críticas e resistências (FURLAN, 2003; AMADO, 2004; ESTRELA, 1992; PRAIRAT, 2003, TIGRE, 2003).

Uma rápida incursão em alguns dos principais estudos nacionais e internacionais que se dedicaram a essas duas temáticas permite identificar as polêmicas, confusões e oscilações que vêm marcando o emprego desses dois termos, bem como identificar possibilidades de distinção entre os dois fenômenos.

Conforme lembra Estrela (1986), o conceito de indisciplina é geralmente definido em relação ao conceito de disciplina, que vem passando no decurso da história por uma série de ressignificações. De origem latina, a palavra disciplina possui a mesma raiz que discípulo e, ao longo dos tempos, vem sendo marcada por uma enorme polissemia. Essa afirmação pode ser constatada quando se recorre aos dicionários onde a palavra geralmente aparece como tendo várias significações: "Regime de ordem imposta ou livremente aceita", "ordem que convém ao funcionamento regular de uma instituição", "relação de subordinação do aluno ao mestre", "observância de preceitos ou normas", "submissão a um regulamento" ou "um ramo do conhecimento" (FERREIRA, 1986).

No seu sentido mais corrente, no entanto, a palavra parece designar um conjunto de regras que regulam a vida dos indivíduos em uma dada instituição. Contudo, como bem demonstra Estrela (1986), no decorrer histórico, a palavra passou a ser marcada por várias conotações e, hoje, quando se fala em disciplina, costuma-se evocar não apenas a obediência a essas regras, mas também as sanções provenientes de seu não-cumprimento e o impacto doloroso causado em quem recebe essas punições. Certamente advém daí o caráter pejorativo muitas vezes aliado à palavra (ESTRELA, 1986). Prairat (2003) chega mesmo a falar de um certo sentimento de anacronismo que se observa nos dias atuais por parte de muitas pessoas (pesquisadores, professores, etc.) quando se utiliza os termos disciplina e indisciplina, como se eles não mais devessem compor o vocabulário pedagógico moderno. Talvez por isso seja usual encontrar o emprego desses termos entre aspas, em diversas publicações sobre educação.[4]

A idéia de disciplina é, pois, indissociável da idéia de regra e de obediência. Todavia, esse conjunto de regras e

---

[4] O autor chama atenção de modo particular para a contribuição da obra de Michel Foucault, *Vigiar e Punir*, para a depreciação dos termos.

a forma de obediência que elas reclamam estão diretamente associadas a uma determinada formação social. Poderíamos dizer, portanto, que há uma disciplina religiosa, familiar, sindical, militar, escolar, etc. Cada uma dessas formas de disciplina possui características próprias e encontra suas bases de sustentação nos valores pertencentes àquele grupo, no tipo de relação de poder ali existente e nas características da atividade que o funda e que são sempre historicamente determinadas. A indisciplina tende, portanto, a ser definida como a negação dessas regras estabelecidas, muitas vezes denotando a própria perturbação ou desordem causadas pelo não-cumprimento delas.

Todavia, é exatamente aí que reside o problema. Por serem contextuais e historicamente determinados, os padrões de disciplina podem variar entre os diferentes estabelecimentos de ensino e, até mesmo, entre os diversos professores. Assim, o que é considerado como um ato de indisciplina em um determinado contexto, em outro pode ser vislumbrado como agressão, violência, etc.

Segundo Amado (2004), nos últimos anos, verificamos um crescimento significativo do interesse dos pesquisadores em investigar os comportamentos que põem em causa a autoridade dos professores e de outros adultos situados no contexto escolar. O autor chama, porém, a atenção para o fato de que haveria uma tendência a abandonar a designação desses comportamentos como atos de indisciplina, o que era comum até aproximadamente a década de 1980, em favor de uma designação mais genérica desses comportamentos como "atos de violência". Amado (2004, p. 5) critica esse uso genérico do termo, alertando para o fato de que

> Trata-se de uma perspectiva que acarreta vários problemas, entre os quais o fato de que, com esta designação,

se empresta freqüentemente uma gravidade exagerada a comportamentos e situações que, analisadas no contexto, podem muitas vezes não o merecer.

O questionamento feito por Amado centra-se em dois dos aspectos que têm sido, freqüentemente, alvos privilegiados das críticas endereçadas aos estudos sobre a violência escolar: *o seu caráter abrangente e alarmista*.

Assim, Debarbieux (2001), ao fazer uma análise da constituição da violência escolar como objeto de investigação nos últimos trinta anos na França (país que tem exportado grande parte do referencial teórico-metodológico para o estudo da violência escolar), ressalta que foi nos anos 1990 que essa temática constitui-se, definitivamente, como objeto social e sociológico no campo francês. Conforme ressalta o autor, a mídia assumiu papel significativo na "fabricação do objeto", uma vez que dá uma enorme visibilidade aos casos de violência causando grande comoção pública.[5]

Se não faltam críticas a esse caráter aparentemente alarmista dado pela mídia aos casos de violência escolar, também proliferam aquelas relacionadas ao emprego abrangente da noção, conforme aludido acima. Furlan (2003), por exemplo, assinala que esse emprego dilatado do conceito de violência escolar tem causado fortes discussões em todos os países nos quais ele é empregado.[6] Para o autor, haveria uma forte polêmica em torno do uso restrito ou amplo do conceito, o que muito se deve à incompreensão

---

[5] Para uma discussão aprofundada das polêmicas que envolvem essa "fabricação do objeto" ver DEBARBIEUX, 2006.

[6] O autor argumenta que uma das evidências desse conflito é a própria freqüência com que Debarbieux se dedica a rebater esse tipo de crítica, em seus textos.

das implicações para as escolas e para os professores e, acrescentemos aqui, para o campo científico, da dissolução ou incorporação da noção de disciplina/indisciplina à problemática geral da violência escolar. Esse é um dos motivos que leva, por exemplo, Prairat (2003) a criticar firmemente esse uso alargado do conceito de violência e a defender que esses estudos deveriam se limitar aos atos previstos pelo Código Penal. O autor denuncia um processo de colonização do discurso educativo pelo conceito de violência, a ponto de "eclipsar" o conceito clássico de indisciplina, chamando a atenção para os riscos políticos, epistemológicos e educativos de uma definição muito alargada do conceito de violência escolar. Ressalta, sobretudo, o perigo que se corre de se "deslizar sistematicamente" e tomar, sob a rubrica de violência, atos de indisciplina, contribuindo assim para criminalizar comportamentos que, no contexto, não possuem a gravidade postulada. Por outro lado, alguns investigadores apontam, justamente, o perigo inverso de "mascaramento" dos atos de violência, denunciando, entre outros fatores, o fato de eles serem freqüentemente confundidos ou camuflados como atos de indisciplina (CAMACHO, 2001).

Para muitos, todavia, e dentre eles Debarbieux (2001), é preciso trabalhar com um "conceito aberto" de violência escolar, que permita compreender o que é entendido por violência pelos próprios atores no contexto escolar. Tocamos aqui num ponto central da discussão sobre a polissemia que envolve os conceitos de violência e de indisciplina, e que vai além do caráter complexo das duas temáticas: a sua vinculação àquilo que Amado (2004) chama de "mundo subjetivo das interpretações e significações dos sujeitos". É certo que, pelo fato de os conceitos expressarem algum tipo de violação a valores/acordos socialmente constituídos, eles assumem um caráter contextual, histórico e subjetivo, já que esses mesmos valores/acordos se transformam ao longo do tempo e estão intimamente vinculados à própria cultura de cada grupo ou indivíduo. São inúmeros os autores que concordam que, nas últimas décadas, condições políticas e sociais específicas fizeram com que o conceito de violência sofresse um alargamento considerável, tendendo a englobar comportamentos que antes eram percebidos como práticas banais no mundo social (WAISELFIZS, 2000; SPÓSITO, 2001; DEBARBIEUX, 2001, TIGRE, 2003).

Esse uso abrangente do conceito de violência constitui certamente um dos elementos que faz com que ele, em certos momentos, se confunda ou absorva o conceito clássico de indisciplina, o que, conforme já dissemos, não deixa de atrair fortes críticas. Críticas que acabam repercutindo nos próprios rumos das investigações sobre violência escolar. No caso francês, por exemplo, Debarbieux, passa a operar com o conceito[7] de *incivilidade,* como instrumento para se pensar a "degradação do clima escolar" (1997, 2001).[8] Esse conceito, defendido pelo autor como "provisório – aguardando superação –, mas cômodo" é visto como uma forma de evidenciar uma distinção entre, por um lado, atos nitidamente delinqüentes e criminosos (que o autor defende como raros em contexto escolar), e, por outro, as pequenas violências praticadas no cotidiano escolar sob as formas da agressão, do insulto, da impolidez e da baderna, que acabam criando um clima de medo e insegurança. Segundo o autor: "tais eventos não são necessariamente

---

[7] Spósito (2001) insiste em falar em "noção".

[8] O conceito provém de Elias (1996) e expressaria a crise de um padrão civilizatório ocidental caracterizado pela contenção da agressividade e pelo crescente papel do Estado como instância que reúne o monopólio do uso legítimo da força e da coerção.

penalizáveis, mas, mesmo em suas formas mais inofensivas, são intoleráveis, pelo sentimento de não-respeito que introduzem naquele que os sofre" (DEBARBIEUX, 2001, p. 178). Alguns, como Santo (2002), chegam mesmo a ver o conceito de incivilidade como um meio termo entre os atos de violência e os de indisciplina. Embora o conceito de incivilidade pareça tender a ser incorporado pelas pesquisas sobre violência escolar no mundo e, particularmente, no Brasil, ele não deixa de apresentar um caráter polêmico que atrai restrições a sua utilização em determinados contextos.[9]

Pelo exposto, parece ficar evidente a polissemia que marca o conceito de violência que, em certos momentos, acaba se confundindo com o conceito de indisciplina. Porém, é preciso enfatizar, como recorda Debarbieux (2001), que, se por um lado, permanece aberta, na comunidade científica, a discussão acerca da definição de violência escolar, até mesmo em função da multiplicidade dos eventos considerados violentos pelos atores escolares, por outro, parece ficar evidente que há um consenso, em todos os níveis, em relação à designação de "violentos" utilizada para os atos que nitidamente ferem o Código Penal. O debate parece, portanto, se fazer de forma mais viva quando se caminha em direção às "pequenas violências" (incivilidades) que, a depender das interpretações dos sujeitos, podem se confundir com a indisciplina. Vê-se, pois, que,

---

[9] Além do risco apontado por muitos autores de que, com esse conceito, se possa criminalizar muito rapidamente atos que em contexto, não possuem gravidade. No caso brasileiro, Spósito (2001), por exemplo, alerta para os possíveis problemas advindos de um emprego generalizado da noção de incivilidade em nosso país. Segundo a autora, haveria um risco em se acentuar apenas um lado da questão (os alunos), sem se questionar as práticas da instituição. Esse risco parece ser evidente, não sendo por acaso que o próprio Debarbieux (2001) adverte contra o uso do conceito para expressar uma oposição entre "bárbaros e civilizados".

se os conceitos de indisciplina e de violência podem se confundir, essa confusão é bem menos provável nas circunstâncias em que o comportamento, ou o ato praticado, fere nitidamente as regulamentações sociais previstas no Código Penal.

Mas, se há efetivamente um temor de que o conceito de indisciplina seja subsumido ao de violência, há que se reconhecer que são inúmeros os trabalhos sobre violência escolar que, ainda que de forma implícita, deixam transparecer uma certa necessidade de distinção entre os dois conceitos, no intuito de distinguir a gravidade ou a natureza dos atos desviantes ocorridos nas escolas. É preciso salientar que esses trabalhos valem-se, muitas vezes, do binômio "indisciplina e violência" ao relatar os tipos de comportamentos perturbadores ocorridos nas escolas, no intuito de diferenciá-los (ARAÚJO, 2002; CAMACHO, 2001; LATERMAN, 2002).[10] Grosso modo, a tendência parece ser

---

[10] O mais usual, porém, é que os autores utilizem os dois termos sem se preocupar em fazer qualquer distinção. Chama atenção, em especial, um grande survey realizado pela UNESCO em parceria com o Ministério da Educação brasileiro e aplicado a alunos, professores e coordenadores de escolas do Ensino Médio em 13 capitais brasileiras, sob a coordenação de Miriam Abramovay no ano de 2003. Embora não seja um trabalho específico sobre indisciplina, nele, Abramoway, pesquisadora identificada com a elaboração de trabalhos sobre a violência escolar no Brasil, nitidamente opera com conceito de indisciplina, o que nos leva a acreditar que ela pretende diferenciá-lo do conceito de violência, com o qual ela vem trabalhando nos últimos anos. O trabalho revela a importância que toma, na percepção de alunos e professores, o fenômeno da indisciplina na escola, apontado como um dos principais problemas vividos pelas escolas. Para a discussão do conceito de disciplina/indisciplina, a autora recorre a Maria Teresa Estrela e, ao fim, com base nos relatos dos alunos (obtidos através de grupos focais) sobre os tipos de comportamentos considerados como indisciplina, conclui que eles se caracterizam, sobretudo, pelo não cumprimento de regras de convivência acordadas ou estabelecidas para o bom funcionamento da instituição escolar.

a de estabelecer uma "distinção" com base na gravidade do ato praticado e, em alguns casos, no tipo de regulamentação que ele fere. De modo geral, os estudos sobre violência escolar, embora reconheçam a dificuldade de conceituação, acabam por apontar para definições de violência que têm como elementos aparentemente consensuais o poder destrutivo, o caráter coercitivo, o uso da força, a existência de agressor e/ou vítima.[11] Assim, se passamos da discussão dos conceitos ao inventário dos atos por eles descritos, é possível identificar que, nesses estudos, são investigados comportamentos de natureza mais grave como as agressões físicas e verbais, os roubos, as várias formas de vandalismo, as múltiplas formas de preconceito, o porte de armas e as intimidações. Em contraposição, quando se fala em indisciplina, aponta-se para a idéia da quebra da regra criada exclusivamente com finalidades pedagógicas, ressaltando também a pouca gravidade intrínseca dos atos tidos como indisciplinados.[12] Nesse caso, ganham destaque comportamentos mais triviais como as conversas, os barulhos, os atrasos, as brincadeiras com professores e colegas, as réplicas às ações disciplinares dos professores, etc.

Essa tendência a uma distinção entre os conceitos pode ser mais bem visualizada quando analisamos os trabalhos

---

[11] Parece-nos que, em alguns casos, mesmo que os "agressores" não se identifiquem como tal (confessam que foi uma brincadeira, por exemplo), a violência está presente, uma vez que subsiste na vítima a idéia de que foi agredida. Ou seja, poderíamos falar na inexistência de um agressor, mas não na de uma vítima. Diferente é o caso, por exemplo, do "jogo rude", de que tratam Amado e Freire (2002), onde, embora haja uma certa agressividade, inexistem as figuras tanto do agressor quanto da vítima.

[12] Falamos sempre em gravidade "intrínseca" para marcar que referimo-nos à gravidade do ato em si e não às repercussões que ele possa causar. O fato de um aluno ficar batendo na carteira em sala de aula durante toda aula, por exemplo, pode ser muito mais grave do ponto de vista da perturbação que cria na atividade pedagógica, do que uma briga que a interrompa por alguns minutos.

realizados em Portugal, país onde tradicionalmente grande parte dos autores têm se valido do conceito de indisciplina para designar os atos disruptivos ocorridos no ambiente escolar. Esses trabalhos assumem grande relevância pelo fato de servirem de referência para autores que, de forma direta ou indireta, têm lidado com os conceitos de disciplina e indisciplina. Trata-se de um conjunto de trabalhos que tem como seu maior expoente a tese de doutoramento defendida por Maria Teresa Estrela na Universidade de Caen na França, em 1983, intitulada *Approches scientifiques à l'étude de l'indiscipline dans la classe*. A análise de alguns desses estudos permite perceber melhor essa tendência a uma distinção dos dois conceitos.

Pode-se dizer que, inicialmente, os estudos portugueses "tenderam" a tratar todos os comportamentos desviantes, ocorridos no contexto escolar, pelo termo genérico de indisciplina. Tal designação cobria, portanto, desde comportamentos "menos graves" como as conversas clandestinas até as agressões entre alunos e a destruição de patrimônio, por exemplo.[13] É importante ressaltar que, ao operar com o conceito de indisciplina, uma série de comportamentos considerados menos graves e que perturbam diretamente a atividade pedagógica, necessariamente excluídos do foco dos estudos sobre a violência escolar, são tomados como principal objeto de estudo e assumem grande relevância investigativa nessas pesquisas. Mais recentemente, porém, essa opção por continuar operando com o conceito de indisciplina, de forma a cobrir todos os comportamentos desviantes observados no ambiente escolar, parece não ocorrer sem inquietações e pressões. Como lembra

---

[13] Todavia, os comportamentos mais graves não ganham muito destaque já que eram mais esporádicos. Ver, por exemplo, ESTRELA (1986).

Estrela (2002), é só a partir dos anos 1990 que, acompanhando a tendência internacional, começam aparecer, em Portugal, trabalhos específicos sobre o *bullying* e outras formas de agressão e violência. Por um lado, eventos e comportamentos que, até então, dificilmente se manifestavam em ambiente escolar, deixam de ser tão esporádicos; por outro, a constituição de uma comunidade científica internacional em torno do fenômeno, sua grande visibilidade e a comoção que ele provoca, parece tornar necessário tratá-lo de forma específica, inclusive atribuindo a ele uma designação própria. Está em curso o processo de autonomização dos estudos sobre a violência escolar, em Portugal, de que fala Isabel Freire (2001). Tal circunstância pode ser percebida já em 1992, quando Estrela acrescenta à terceira edição de seu clássico livro *Relação Pedagógica, disciplina e indisciplina na aula*, um posfácio que tem como um dos objetivos discutir a associação generalizada entre indisciplina, violência e delinqüência. Embora reconheça que os problemas de violência tenham aumentado no mundo inteiro, a autora argumenta que

> a grande parte dos comportamentos de indisciplina que as investigações feitas na escola têm posto em evidência infringe normas escolares ou sociais que têm como valia principal assegurar as condições de funcionamento do ensino-aprendizagem e garantir a socialização dos alunos. (1992, p. 124)[14]

Essa mesma discussão é retomada pela autora em um artigo publicado na *Revista Portuguesa de Pedagogia* em parceria

---

[14] Na quarta edição dessa mesma obra, publicada em 2002, a autora se refere ao conceito de violência como sendo um conceito perigoso: a) pela polissemia que comporta; b) pelos mal-entendidos que essa polissemia gera; c) pela confusão entre a violência objetivamente observada e a violência subjetivamente percebida.

com João Amado, seu então colega de trabalho na Universidade de Lisboa e ex-orientando de doutoramento. O artigo intitulado "Indisciplina, violência e delinqüência: Uma perspectiva pedagógica" traz uma seção denominada "*Para uma clarificação dos conceitos*", em que os autores procuram evidenciar as linhas gerais que separariam os comportamentos de indisciplina, violência e delinqüência. O argumento é o de que se considera um comportamento delinqüente apenas quando este remete diretamente para "um quadro jurídico uniforme, codificado e oficialmente estabelecido num país, com prescrições e penas definidas para os actos considerados como infrações criminais" (ESTRELA; AMADO, 2000, p. 251). Já os comportamentos de indisciplina, considerados de modo geral como sendo uma infração à regra escolar, e os de violência, comportamentos que colocariam em causa a sociabilidade, limitar-se-iam, na maioria das vezes, "a atingir uma ordem normativa instituída de natureza escolar ou ético-social destinada assegurar as condições de aprendizagem e a garantir a socialização dos alunos" (p. 251).[15]

---

[15] Como essa autora portuguesa tornou-se uma referência na discussão sobre indisciplina escolar, não é raro que outros trabalhos se apóiem nela para uma discussão conceitual. Todavia, é apenas numa visão de conjunto de sua obra e da de sua equipe que se nota que eles usam o conceito de forma abrangente, como era de costume antes do "aparecimento" do fenômeno da violência escolar. Quando se toma apenas a obra mais divulgada da autora no Brasil, *Relação Pedagógica, disciplina e indisciplina na aula* (1992), não se pode notar com precisão que o conceito é adotado de forma abrangente. Isso acontece, sobretudo, pelo fato de a autora tentar reforçar, no decorrer do texto, que a "maioria" dos problemas de indisciplina quebra regras especificamente criadas para o desenvolvimento do trabalho pedagógico. O uso de termos como "na maioria das vezes", "quase nunca", são as marcas que, em conjunto com outros textos, permitem perceber esse caráter abrangente do emprego do conceito. Todavia, conforme pretendemos demonstrar, os autores parecem tender, pouco a pouco, a incorporar o conceito de violência e a conferir a ele autonomia em relação ao conceito de indisciplina.

Porém, a tentativa de distinção efetuada pelos autores, mais do que servir para uma "clarificação dos conceitos", acaba por evidenciar, a nosso ver, uma forma de lidar com as novas situações impostas pela ascensão dos estudos sobre violência escolar. Ao tentar uma distinção/clarificação conceitual, os autores, embora reconheçam que tratam de fenômenos variados e chamem a atenção para a raridade de ocorrência de comportamentos mais graves no ambiente escolar, acabam por incluir no conceito de indisciplina os comportamentos de violência e delinqüência, ou seja, designam por um mesmo vocábulo comportamentos que eles mesmos reconhecem como muito distintos. Fazem valer, portanto, o dito popular de que "o feitiço vira contra o feiticeiro", ao utilizarem o conceito de indisciplina de forma tão abrangente quanto aqueles, que criticam, se utilizariam do conceito de violência.[16]

É, todavia, em sua tese de doutoramento, orientada por Maria Teresa Estrela, que Amado (1998) procurou lidar de forma mais acurada com tal indistinção conceitual e com essa ampla variedade de comportamentos perturbadores observados no contexto escolar. Nesse trabalho, o autor propõe que se fale sempre em indisciplinas, no plural, e propõe a distinção entre "níveis de indisciplina". O primeiro nível, o do "desvio às regras da produção", abarca

---

[16] Ainda que as implicações teóricas e práticas não sejam as mesmas. Certamente, o uso alargado do conceito de indisciplina é bem menos perigoso, uma vez que é possível demonstrar a diversidade de natureza e de gravidade dos atos, como tão bem o faz Amado (2001, 1998). Ao contrário, quando se generaliza o conceito de violência, descrevem-se necessariamente comportamentos de natureza mais grave e se correm, sobretudo, dois riscos: o de atribuir a comportamentos triviais uma gravidade que eles não possuem e o de destituir de importância os desvios mais triviais. Agradecemos à professora Maria Teresa Estrela por ter nos alertado para essa questão em conversas com ela mantidas na Universidade de Lisboa.

os comportamentos que põem em causa o funcionamento da aula e se traduzem em um não cumprimento de regras nitidamente criadas tendo em vista o trabalho pedagógico. O segundo nível de indisciplina, designado "conflitos interpares", abrange os incidentes que evidenciam algum tipo de disfuncionamento nas relações formais e informais entre os alunos, tais como brigas, extorsões, xingamentos, intimidações e roubos. O terceiro nível proposto pelo autor é o dos "conflitos da relação professor-aluno" e é composto por tipos de comportamentos que, de alguma forma, põem em causa a autoridade do professor (agressões, insultos, réplicas grosseiras, vandalismo contra o patrimônio, etc.).

A idéia de níveis de indisciplina tem a grande vantagem de deixar ver a diversidade dos acontecimentos perturbadores que afligem a escola, permitindo distinguir a natureza, a intensidade e a gravidade desses comportamentos, diminuindo, portanto, a possibilidade de confusões. Porém, continua-se a incluir os comportamentos mais graves (violentos) no conceito de indisciplina, o que não parece se sustentar frente à força do conceito de violência, quer no campo científico, quer no contexto escolar e social. Prova disso parecem ser as mais recentes publicações de Amado,[17] nas quais o autor faz uso freqüente do binômio "indisciplina e violência" deixando transparecer a necessidade de distinção efetiva entre os dois fenômenos.[18]

---

[17] AMADO, J.; FREIRE, I. P. *Indisciplina e Violência na escola*. Porto: Edições Asa, 2002; AMADO, J.; FREIRE, I. P. A indisciplina na escola: uma revisão da investigação portuguesa. *Revista da Sociedade Portuguesa de Ciências da Educação*, v. 1, n. 1, p. 179-223, 2005; AMADO, J. Uma abordagem da violência escolar. In.: *1º Simpósio Internacional "Justicia Y Violência Juvenil: Claves para la Intervención"*. n. 1, 2004, Córdova.

[18] Nota-se também o uso desse binômio no título do XI Colóquio da AFIRSE, realizado em Portugal, em 2001, e organizado pela professora Estrela e sua equipe: *Indisciplina e Violência na escola*.

Porém, o mais importante a se destacar nesses estudos portugueses é o fato de que, ao operar com o conceito de indisciplina, eles tomam como objeto de estudo um conjunto de eventos de natureza menos grave que tende a ser desconsiderado por pesquisas que operam exclusivamente com o conceito de violência. Além da constatação de que

> [...] a grande parte dos comportamentos de indisciplina que as investigações feitas na escola têm posto em evidência infringe normas escolares ou sociais que têm como valia principal assegurar as condições de funcionamento do ensino-aprendizagem e garantir a socialização dos alunos [...] (ESTRELA, 1992, p. 124),

poderíamos, talvez, diante da força crescente do fenômeno da violência escolar, questionar se não deveríamos reservar o uso do conceito de indisciplina exclusivamente para esses tipos de comportamentos.

Assim, se considerarmos, conforme Estrela (1986, 1992), que o conceito de indisciplina é historicamente determinado, parece que a erupção, nas escolas, de comportamentos perturbadores de maior gravidade e a emergência de uma série de estudos que os tomam como objeto sob a designação de violência escolar, evidencia um momento importante de ressignificação desse conceito que parece não mais se aplicar a uma significativa parte dos eventos perturbadores que assolam atualmente os ambientes escolares nos vários países sobre os quais se têm notícias.

Não é por acaso que, no contexto português – como ficou demonstrado acima – a utilização do conceito de indisciplina tende a imperar, já que, diferentemente do caso francês e – acrescentaríamos – do brasileiro, em Portugal os comportamentos mais graves, àquela época, ainda não ganhavam proporções alarmantes. Mas, à medida que avançam (ou pelo menos avançam as queixas dos professores e da sociedade), faz com que os pesquisadores se ponham a operar, também, com o conceito de violência.[19] Ademais, se em certos momentos fica difícil de se discernir se um ato é de violência ou de indisciplina, o freqüente uso do termo indisciplina em trabalhos sobre violência escolar, apontando para a existência de uma certa confusão entre os conceitos, evidencia que eles se diferem e que tal distinção é não só possível, como necessária.

Diante dessas imprecisões semânticas e dos perigos que cercam uma indistinção entre os conceitos de indisciplina e de violência escolar, acreditamos ser necessário, mas também possível, reservar o emprego do conceito de indisciplina apenas àqueles comportamentos que violam mais diretamente as regras criadas estritamente com vistas à garantia das condições necessárias à realização do trabalho pedagógico. Isso certamente inclui alguns comportamentos que violam normas sociais mais gerais, de fundo ético-social, que servem para regular a convivência entre os sujeitos no ambiente escolar, mas que não chegam a atingir o foro da violência. Acreditamos que esse foro só é atingido quando se observa nos comportamentos uma intenção de causar danos materiais aos sujeitos ou uma certa capacidade de atingi-los em sua integridade física, psicológica ou moral.[20]

---

[19] Há que se atentar, também, conforme tentamos demonstrar, que a constituição de uma comunidade científica internacional sobre a violência escolar constitui, em si mesma, um mecanismo de pressão para que o conceito de violência passe a ser empregado. Além disso, não se pode desconsiderar as pressões exercidas por organismos patrocinadores de pesquisa e de editoras no uso do vocábulo.

[20] Acreditamos, porém, que enclausurar os estudos sobre violência escolar nos limites do Código Penal não permite dar conta da complexidade da violência nos dias atuais. Porém, essa maior abrangência do fenômeno não

## Das "definições" da literatura às "definições" dos professores

O que pode ser dito acerca desses dois fenômenos quando se passa das "definições" encontradas na literatura para as "definições" dadas pelos próprios docentes? Embora não se tenha adotado, nesta pesquisa, um recurso do tipo "indisciplina é o que eu acho que ela é" – como sugere Debarbieux (2001) em relação à violência escolar – procuramos identificar o que os professores entendiam por indisciplina e em que medida eles a diferenciavam do fenômeno da violência escolar.[21]

As entrevistas realizadas com os docentes revelaram que, de maneira muito próxima à distinção conceitual que defendemos, a partir da análise da literatura científica especializada, os professores também tendem a estabelecer uma forte diferenciação entre os comportamentos considerados de indisciplina e aqueles considerados de violência,

---

pode servir de argumento para que o conceito seja empregado de forma tão "abrangente", devido aos perigos que essa opção tende a acarretar. Preferimos, portanto, falar de reconhecimento de fronteiras, de uma delimitação, o tanto quanto possível, dos objetos que se pretende investigar, a fim de não se englobar em um mesmo vocábulo (indisciplina ou violência) comportamentos que, embora, em alguns momentos se confundam, na grande maioria das vezes, possuem uma natureza bem distinta.

[21] Face à indistinção conceitual que tem cercado o emprego desses dois termos e todos os perigos que ela parece gerar, optamos, como já foi dito, por reservar o emprego do conceito de indisciplina apenas aqueles comportamentos que violam mais diretamente as regras que visam assegurar a realização do trabalho pedagógico. Esse conceito norteador permitiu que o trabalho de observação fosse mais focado sobre os comportamentos tipicamente descritos pela literatura como de indisciplina, mas por não ser totalmente fechado, se mostrou menos perigoso e bastante operatório, na medida em que foi sendo pouco a pouco melhor lapidado com base nas observações do cotidiano escolar e nas interpretações subjetivas dos sujeitos.

adotando inclusive alguns dos critérios que defendemos como os mais propícios para essa distinção.[22] De modo geral, os docentes estão de acordo quanto à raridade dos casos de violência ocorridos na escola e os associam a formas de comportamento de natureza mais grave e com claras intenções destrutivas, geralmente penalizáveis também em outras esferas da vida social: agressões físicas e verbais, uso de drogas, ameaças, porte de arma, formas de preconceito, etc. Já a indisciplina, tida por todos os professores, como intensa na escola e na aula, se associaria a formas de comportamento consideradas mais triviais, menos graves e que feririam mais especificamente as regras que visam assegurar a realização do trabalho pedagógico. Embora haja alguma dificuldade de conceituação por parte de alguns docentes, são os atos por eles descritos como típicos de um ou de outro fenômeno que melhor revelam essa distinção.

**A professora de Ciências**

*Pesquisador:* Você acha que tem violência na escola?

*Professora:* Muito pouca, eu acho que não é caso grave não. Porque eu trabalhei com meninos da 6ª e da 8ª série e eles assim não eram violentos não. Tinha alguns da 7ª série que tinha alguma notícia assim que ele era bem violento, que aparecia com *arma na escola*, a escola não é aquela escola violenta o clima lá dentro é...

*Pesquisador:* O que você chamaria de violência?

*Professora:* O que eu tô chamando de violência aqui é de *agressão* mesmo, de *agressão física*, de como que

---

[22] Com efeito, uma avaliação da implementação do Projeto Escola Plural, realizada pelo GAME (Grupo de Avaliação e Medidas Educacionais da UFMG) em 2000, já apontava para uma grande incidência do fenômeno da indisciplina nas escolas municipais e indicava o fato de os professores tenderem a diferenciá-lo do fenômeno da violência escolar (DALBEN, 2000).

fala? Porque tem *agressão verbal* também né, mas eles não eram muito disso também não. Mas de agressão física mesmo de até que chamar a polícia, de chamar a polícia por causa de aluno, de ter *droga dentro da escola*, eu não via muito isto não.

*Pesquisador:* E indisciplina o que você acha?

*Professora:* Muita, nossa muita. Eu custei assim pra conseguir, porque igual já te falei eu sou muito rígida, sou sistemática, sou mesmo, e eu acho que lá na escola tem muita indisciplina, muitos meninos acham que eles estão passeando né, e eu acho que tem muita.

*Pesquisador:* E o que você chama de indisciplina?

*Professora:* É o que eu já te falei, *sair da sala* pra mim isso é uma indisciplina. Ele não tá disciplinado porque ele tá dentro da sala com um professor e com os outros alunos e ele tem que saber que ele tá ali que ele não pode fazer o que quer. Sai da sala e diz: "*ah tô indo ali*". Às vezes nem avisa, sai da sala, eles fazem muito isso. No começo, na minha aula pelo menos, eles foram parando e depois não faziam mais, mas assim outra coisa assim, *não leva a regras da escola a sério*, né, porque a escola tem regras, por exemplo, o uniforme, eles não vão, e pra mim isto é uma indisciplina, eles tem uniforme e não vão porque não querem.

**A professora de Educação Física**

*Pesquisador:* Como você definiria esses termos, violência e indisciplina na escola?

*Professora:* Olha, violência pra mim é toda agressão. *É quando você faz uma coisa com o outro que o outro não quer*. Então aí tanto vai a violência física como a verbal. Então se eu fizer algo com você que você não quer, eu te agredi. Eu fui violenta com você. E a indisciplina é aquele comportamento que *atrapalha o andamento do grupo*. Porque o aluno tá no meio de uma aula, no meio de um jogo, ele simplesmente fala: *"parei de brincar"*. Ele pra mim foi indisciplinado, ele desrespeitou as cinco pessoas que estão do lado de lá e as quatro do time dele. Ele se sentiu no direito de parar de jogar como se ele estivesse aqui brincando [...].

*Pesquisador:* Você está falando que a indisciplina então viola um acordo?

*Professora:* Viola. Viola um acordo.

### O professor de História

*Pesquisador:* Você acha que a escola tem violência? É um problema que atinge vocês?

*Professor:* Oh... Humhum! Eu acho que... é... analisando a escola a partir de outras experiências que eu tive. A escola possui violência sim, mas não no nível tão avançado quanto em outras escolas da periferia, né. É... o que a gente percebe *é uma agressão entre os próprios alunos*, a violência entre eles próprios, né, e eu acho que uma coisa que incomoda as vezes é agressão dos alunos. A violência dos alunos em relação a professores, no sentido de *brigar mesmo com o professor*, de... de... de querer *enfrentar mesmo o professor* algumas vezes, entendeu?

*Pesquisador:* Chega a preocupar você? É intenso?

*Professor:* Ó, eu acho que... nós tivemos ano passado uma professora que teve essa dificuldade mesmo de... em uma das salas, né, de *enfrentamento dos meninos* e tudo o mais. No geral, eu acho que não. Nós temos alguns casos isolados. Mas no geral eu não acho que seja uma coisa preocupante não. Os meninos... você tem um ou dois alunos lá que enfrentaram professores. Mas no geral a turma, ela tem um relacionamento tranqüilo, lógico que com... *mesmo com bagunça e tudo o mais*. Mas não de... eu não acho que sejam violentos com o professor não.

*Pesquisador:* E o que você considera indisciplina?

*Professor:* [...] Aí quando um grupo fala o outro já... já começa a tentar colocar defeito, essas coisas assim. Então, pra mim é... isso é indisciplina. *No sentido de que eles estão trazendo um problema para o andamento da aula, né. Então, está impedindo o bom andamento da aula. É...* e também a questão das conversas, né nas horas impróprias, quando o professor estiver explicando matéria, e você está... o aluno vai estar atrapalhando e... o que seria uma indisciplina.

Nota-se que os professores associam a indisciplina a formas de comportamento que feririam de forma mais específica as regras que visam assegurar a realização do trabalho pedagógico. Daí eles insistirem em afirmar que ela colocaria em xeque o "bom andamento da aula", atrapalharia "o andamento do grupo". Tratar-se-ia, portanto, de variadíssimas formas de comportamento discente que, de alguma forma, burlariam ou dificultariam o funcionamento da aula, muitas vezes, questionando diretamente a própria autoridade do professor, agente encarregado de garantir o perfeito funcionamento da aula.

Quanto à violência, além de descreverem-na como mais grave e violadora de regras sociais mais amplas, também fortemente condenáveis em outras esferas da vida social, os excertos acima permitem destacar, ainda, duas questões importantes. Primeiramente, chama a atenção o modo sempre impreciso com que a violência escolar é descrita pelos sujeitos. Nos raros momentos em que eles mencionaram a existência de violência na escola, foi possível perceber uma certa indefinição quanto às circunstâncias em que os eventos ocorreram, quais os sujeitos envolvidos e quais as providências tomadas. Essas narrativas raramente descrevem fatos com personagens bem definidos, descritos a partir de expressões vagas como "tinha alguma notícia assim", "já tivemos casos assim no passado", "tivemos ano passado uma professora que teve essa dificuldade", alertando para a necessidade de que os estudos busquem conjugar as representações dos sujeitos acerca da presença da violência na escola, com o registro dos eventos a partir da observação direta do ambiente escolar. Em segundo lugar, é preciso ressaltar que, embora os professores efetuem uma distinção entre os dois fenômenos, algumas falas deixam transparecer que, em determinados momentos, as fronteiras entre eles tornam-se fluidas, e passam a depender diretamente das interpretações dos sujeitos.

> **Professora de Educação Física:** [...] Mas eu percebo que tem essa violência direta que é de bater, de machucar. *Das brincadeiras agressivas, eles acham que é brincadeira de,* "ah! Mas a gente tá brincando com a gente mesmo". *Dar chute não é brincadeira. Você vai brincar de dar chute, você dá chute na bola, mas chutar o colega!* Acho isso sim, que eles são violentos e a violência indireta, aquela violência que você não encosta, mas que você agride, né? Que é quando você chama seu colega, você descrimina porque ele não tem uma blusa bonita, porque ele não tem uma sapato legal, porque ele às vezes tem comportamento homossexual e aí você o agride quando o chama de "bichinha".

Como se depreende dessas falas, há um campo fronteiriço em que fica mais difícil discernir os limites entre uma simples "brincadeira rude" e um ato de violência, passando essa distinção a depender de forma mais direta das interpretações subjetivas dos sujeitos. Dificuldade que se apresenta principalmente em relação ao que a docente nomeia de "violência indireta". Cremos que seja justamente esse campo fronteiriço que qualquer pesquisador, esteja ele ocupado com problemas de violência ou de indisciplina, não poderá jamais deixar de explicitar em suas análises, independente do conceito com o qual opera em seu estudo.[23]

## A indisciplina e a violência observadas: algumas conclusões gerais

Se os depoimentos dos professores revelam uma clara distinção entre os atos considerados de indisciplina e aqueles considerados de violência, o que dizer quando se passa da análise do discurso dos sujeitos à observação direta do ambiente escolar? É possível reconhecer diferenças entre os dois fenômenos quando se toma como objeto de análise os desvios objetivamente observados? Até que ponto esses registros corroboram a percepção dos docentes acerca da intensidade com que os dois fenômenos afetam o ambiente escolar?

Embora o foco da pesquisa esteja nos comportamentos típicos de indisciplina, efetuou-se, durante o trabalho de observação, o registro de todos os comportamentos desviantes ocorridos nas turmas investigadas, com o objetivo de analisar comparativamente suas características e a intensidade com que eles ocorrem.[24]

---

[23] Porém, mesmo no caso dos chamados maus tratos entre iguais (*bullying*), alguns critérios como a duração, intencionalidade e fragilidade da "vítima" em relação aos "agressores", têm sido observados no intuito de não se conferir aos comportamentos um caráter violento que eles, de fato, não possuem. Assim, se consegue diferenciar casos típicos de *bullying* de uma simples brincadeira.

[24] Como bem demonstraram os estudos interacionistas, "o desvio não é uma propriedade singular, presente em certos tipos de comportamentos e ausentes em outros, mas o produto de um processo que implica a reação de outros indivíduos a estas condutas" (BECKER, 1985, p. 37), logo, é nos

Porém, não se tinha como objetivo realizar uma análise estatística que quantificasse cada tipo de comportamento, o que inclusive teria demandado a utilização de outros instrumentos de coleta de dados. Como bem lembra Estrela (1986):

> As descrições obtidas pela observação naturalista nos dão indicações importantes sobre a freqüência e a intensidade dos fenômenos observados, mas as limitações que derivam desta técnica de registro restringe as possibilidades de uma análise quantitativa dos dados. (p. 273, tradução nossa)

A análise dos registros de observação, no mesmo sentido que já indicavam as entrevistas realizadas com os docentes analisadas na seção anterior, revela uma clara necessidade/possibilidade de distinção entre os fenômenos de indisciplina e de violência escolar.

A Tabela 1 apresenta as principais diferenças observadas entre os comportamentos de indisciplina e de violência identificadas a partir da análise comparativa dos registros efetuados por meio da observação direta da aula.[25]

---

momentos em que essas reações são explicitadas que se torna possível, ao investigador, identificar o caráter desviante de um dado comportamento ea regra específica que ele põe em xeque. Assim, foi principalmente por meio de inferências realizadas a partir do contexto em que as regras eram violadas que pudemos identificá-las. Os momentos em que os professores colocavam em marcha sua ação disciplinar, seja admoestando os alunos, punindo-os ou evidenciando algum gesto de insatisfação com seus atos, funcionaram, portanto, como os mais propícios para que se identificasse o caráter desviante assumido pelos comportamentos dos alunos e, conseqüentemente, qual regra específica que eles violavam.

[25] As diferenças aqui analisadas dizem respeito apenas às características dos dois fenômenos e não às suas causas.

**Tabela 1**– Diferenças observadas em relação aos fenômenos da indisciplina e da violência.

| Fenômeno | Natureza da regra violada | Motivos da condenação: suas conseqüências imediatas | Reação ao evento | Freqüência |
|---|---|---|---|---|
| Violência | Regras sociais mais amplas. Na maioria das vezes, os comportamentos podem ser enquadrados como atos infracionais. | Os danos que acarretam ou podem acarretar às pessoas ou à instituição. Danos físicos, morais, psicológicos ou materiais. | Forte condenação e intervenção imediata no âmbito da direção escolar. | Pouco freqüente |
| Indisciplina | Regras especificamente escolares: aquelas que visam mais imediatamente a garantia das condições de trabalho na aula. Inclusive aquelas que se ligam à figura de autoridade do professor. | As dificuldades que geram ou podem gerar para o desenvolvimento das atividades pedagógicas | Grande tolerância e ação corretiva circunscrita aos professores. | Muito freqüente |

## Características dos comportamentos de indisciplina

Quando a professora chega em sala, apenas alguns alunos estão presentes. Os outros chegam aos poucos, o que parece não agradar a docente que os repreende com olhares. Enquanto os alunos entram, ela ironiza a camiseta de formandos que Meire está vestindo e que contém a seguinte frase: "Quase morremos de tanto estudar...". Passa a distribuir uma folha com atividades, mas há muita conversa, e a professora pede silêncio. Avner está com o fone de ouvido de Miuri. A professora solicita a ele que retire o fone ameaçando tomá-lo, mas o aluno a ignora. Pede novamente que ele retire o fone. O aluno retira e, tão logo a professora olha para o lado, volta a colocá-lo. Do outro lado da sala, Meire passa batom e é chamada a atenção pela docente. Há conversas em todos os cantos. Ouve-se de forma mais intensa Adriana que está no fundo da sala pedindo um telefone a Cristiane que senta nas primeiras carteiras. A professora tenta explicar a atividade para a turma, mas não consegue. Ela parece muito incomodada com as conversas dos alunos. Alisson faz uma atividade de Matemática e é surpreendido pela docente que chama sua atenção. Ela pergunta em tom de ironia se a aula de Matemática já havia terminado e o aluno, sorrindo, diz que ainda nem começou [a professora imaginava que o aluno estava continuando a atividade da aula anterior, porém a aula de Matemática seria no 4º horário]. Pede a ele que saia de sala para fazer a atividade e, rindo, o garoto realmente sai. Os alunos conversam muito e não realizam a atividade programada, o que não agrada a professora. Ela chama a atenção de Miuri que ainda está usando o fone de ouvido:

"Vou tomar".
Miuri: "Já tirei professora". [Rindo]
Professora: "Assim você causa inveja nos colegas".
A fala da professora gera muitos risos nos alunos. Há tumulto. Ela tenta pedir aos alunos que façam a atividade e fiquem em silêncio, mas ninguém parece ouvi-la. [...] (Aula de Português, Oitava Preta, 17 de maio de 2004)

O excerto acima apresenta uma típica aula de Português, nas turmas investigadas. Eventos como os que nele são descritos – atrasos, conversas, risos, desobediência aos pedidos do professor e distração com objetos alheios à aula –, constituem a imensa maioria das condutas desviantes registradas durante o trabalho de campo, e corrobora diversos estudos que têm enfatizado a natureza pouco grave da maior parte dos comportamentos desviantes ocorridos no ambiente escolar, particularmente no espaço da sala de aula (ver, por exemplo, o levantamento realizado por ESTRELA, 1992). Em comum, eles apresentam o fato de serem freqüentemente condenados pelos docentes por ferir um conjunto de regras julgadas pela instituição escolar como fundamentais para a realização das atividades pedagógicas que ela tem por missão desenvolver.

Embora triviais e de pouca gravidade, esses comportamentos chamam a atenção pela grande freqüência com que ocorrem na aula e por sua forte capacidade de interferir no desenvolvimento das atividades pedagógicas programadas pelos professores.

Pode-se dizer que a existência de regras que regulam os padrões de comportamento dos alunos na escola e na aula configura-se como uma das principais marcas do modo de aprendizagem inaugurado pela escola. Conforme observam Vincent, Lahire e Thin, em sua análise socio-histórica da emergência, no século XVI, da forma escolar e do modo de socialização que ela instaura,

> [...] num espaço fechado e totalmente ordenado para a realização, por cada um, de seus deveres, num tempo tão cuidadosamente regulado que não pode deixar nenhum espaço a um movimento imprevisto, cada um submete sua atividade aos "princípios" ou regras que a regem. (2001, p. 15)

Como também destaca Delamont (1987), toda escola possui uma estrutura organizativa formal e linhas gerais de comportamento acerca dos mais variados assuntos: admissão, expulsão, vestuário, horários, avaliação, etc. Do mesmo modo, no nível da sala de aula, todos os professores, de um modo ou de outro, estipulam regras e procedimentos que delimitam os comportamentos esperados dos alunos. A existência de regras específicas que regulam as atividades cotidianas em sala de aula parece, portanto, inerente à própria relação pedagógica. Como alerta Foucault (1987), instituições disciplinares como a escola contam com uma espécie de "privilégio de justiça", uma vez que possuem leis próprias, com seus delitos especificados, suas formas particulares de sanção e suas instâncias próprias de julgamento. É à violação ou ao descumprimento desse conjunto de regras criadas e impostas pela instituição escolar aos alunos que os professores tendem a atribuir a etiqueta de indisciplina, seja em seus discursos durante as entrevistas, conforme vimos anteriormente, ou cotidianamente, no momento em que são levados a lidar com as condutas desviantes dos alunos.[26]

---

[26] Para além do termo "indisciplina", alunos e professores se valem também de designações correlatas como "bagunça", "baderna", "confusão" ou "falta de limites".

A Tabela 2 apresenta a classificação dos principais comportamentos de indisciplina observados nas duas turmas investigadas, com base no tipo de regra escolar que eles violam. Se, como afirma Cohen (1971), cada regra cria um tipo de desvio em potencial, a partir do inventário das regras de disciplina que são sistematicamente valorizadas pelos professores em sala de aula, pudemos inventariar também os principais tipos de indisciplina que as violam, e realizar assim sua classificação.[27] Vale lembrar que, conforme pudemos identificar, há uma clara diferença entre as regras de conduta que os professores tendem, pessoalmente, a valorizar e aquelas regras que eles sistematicamente colocam em marcha na aula enquanto exigências a serem feitas aos alunos.[28] São somente as segundas que tendem a constituir a chamada "disciplina escolar" e é, portanto, somente em relação a elas que os desvios serão aqui enquadrados como um tipo específico de "indisciplina".[29]

---

[27] Assim, a partir do desvio, pode se inferir a regra e, a partir da regra, se compreende melhor a natureza do desvio. Investigações realizadas em outros contextos têm revelado a eficácia deste procedimento metodológico, não só pelo fato de as regras raramente serem explicitadas, mas também pelo fato de haver uma forte variação entre as regras que os professores dizem utilizar durante as entrevistas e aquelas que eles efetivamente utilizam na aula (ver, por exemplo, ESTRELA, 1986).

[28] Achamos prudente efetuar essa distinção por dois motivos: em primeiro lugar, para que não sejam confundidas diferenças culturais com exigências disciplinares e, em segundo lugar, para que sejam separadas algumas exigências realizadas de forma esporádica daquelas formas de conduta que eram sistematicamente exigidas pelos docentes.

[29] Embora consideremos muito relevante para a compreensão e análise do fenômeno a realização deste tipo de categorização, é preciso entretanto chamar a atenção para os limites deste empreendimento. Primeiramente, ressaltamos que a presente classificação foi realizada com base nos comportamentos observados e registrados cujo caráter desviante pôde ser inferido a partir da sua condenação feita pelos sujeitos no momento mesmo em que os eventos ocorriam ou, posteriormente, em conversa informal ou em

## Tabela 2 – Classificação dos comportamentos de indisciplina

| Categoria | Comportamentos de indisciplina dos alunos |
|---|---|
| Desvios às regras da comunicação na aula | Conversar durante a aula<br>Gritar durante a aula<br>Fazer barulhos durante a aula |
| Desvios às regras da mobilidade na aula | Ficar em pé ou deslocar-se na sala de aula sem a permissão do professor<br>Sair da sala de aula sem permissão do professor |
| Desvios às regras relativas ao cumprimento de horários na aula | Atrasar-se na entrada da aula<br>"Matar" aula |
| Desvios às regras das atividades na aula | Não realizar as atividades demandadas pelo professor<br>Dedicar-se a atividades de outros professores durante a aula<br>Distrair-se com objetos ou atividades alheias à aula |
| Desvios às regras relativas ao zelo pelo ambiente da sala de aula | Jogar lixo no chão da sala de aula. |
| Desvios às regras relativas à relação entre os alunos | Fazer gozações ou brincadeiras com o colegas<br>Discutir com os colegas |
| Desvios às regras relativas à relação entre professores e alunos | Desobedecer às ordens do professor<br>Realizar replicas à ação disciplinadora do professor<br>Fazer gozações ou brincadeiras com o professor<br>Efetuar ação disciplinadora no lugar do professor em tom de deboche |

entrevista. A classificação não tem, portanto, a pretensão de esgotar todos os tipos de indisciplina ocorridos nas duas turmas investigadas nem, tampouco, visa contemplar todas as formas de indisciplina possíveis em contexto escolar. Em segundo lugar, os atos de indisciplina ocorridos fora do contexto de sala de aula não foram incluídos nesta categorização, dado que o lócus privilegiado de observação foi a sala de aula. Por último, é preciso estar atento ao fato de que, em contexto, como bem lembra Amado (1998), os atos de indisciplina nem sempre se enquadram apenas numa única categoria.

O que faz com que os comportamentos acima listados sejam freqüentemente alvo das queixas e intervenções disciplinares dos professores investigados é, acima de tudo, sua forte capacidade de interferir no desenvolvimento da aula. Conforme ilustra o excerto abaixo, dentre as várias conseqüências que as ações de indisciplina podem acarretar, ganha destaque sua forte capacidade de interferir na concentração dos alunos, mesmo daqueles que não são seus protagonistas.

> [...] A correção da prova continua e o barulho também. A professora fala: "Vocês não prestam atenção na aula, né!" Flávio, sentado logo atrás de mim, fala: "Ou eles não deixam a gente prestar atenção, né!" Aretuza pergunta alto quem já pagou a camisa de formatura e uma turma no canto da sala começa a falar alto sobre o assunto. Riem de Jeremias falando que ele não pagou. Há muito barulho e conversas. Flávio resmunga: "Depois quer que a gente consiga prestar atenção na aula" [...] (Aula de Ciências, Oitava Preta, 03 de maio de 2004)

Mesmo as condutas aqui descritas como "desvios às regras relativas à relação entre os alunos" ou como "desvios às regras relativas à relação entre professores e alunos" – mais facilmente confundidas com os atos típicos de violência – tendem a ser condenadas mais pela perturbação que geram na aula do que pela sua capacidade em ocasionar danos aos sujeitos nelas envolvidos. Como exemplo, podem ser citadas algumas brincadeiras ocorridas em sala de aula que, embora envolvam tapas, chutes ou socos, dificilmente são identificadas pelos professores, mas principalmente pelos alunos, como sendo verdadeiras brigas; incomodando mais pela perturbação que provocam na aula. Nelas, não subsistem as figuras da vítima ou do agressor, e tampouco se verifica qualquer intenção deliberada de causar danos aos colegas. Outro exemplo são as gozações ou réplicas à ação disciplinadora do professor que, embora questionem diretamente sua autoridade, não chegam a ser encaradas por eles como formas de violência, já que não representam nenhum risco a sua integridade como pessoa.[30] Considerar tais comportamentos como formas de violência, significaria, certamente, atribuir a eles uma gravidade que, no contexto, não demonstram assumir.

Tendo em vista que a indisciplina afeta sobretudo a aula, não é de se estranhar que, em seus depoimentos, os professores tenham-na descrito como um tipo de comportamento que "traz problema para o andamento da aula". Porém, é preciso salientar que as observações realizadas em sala de aula indicam que não se pode, tão facilmente, associá-la apenas a seu caráter perturbador, já que grande parte dos comportamentos de indisciplina dos alunos não chega a colocar em risco o desenvolvimento das atividades pedagógicas, configurando-se apenas como o descumprimento de regras, com conseqüências de ordem individual e com reflexos pouco significativos para a realização das atividades sociais organizadas da sala de aula. Por isso, muitos professores tendem a não atribuir gravidade a esses atos que, dentro de certos limites, são encarados como "normais" e/ou toleráveis. Este é o caso de

---

[30] É certo que não se pode tão facilmente separar a pessoa do professor do papel de autoridade por ele desempenhado. Como pudemos verificar, esse papel é fortemente influenciado pelas características pessoais de cada sujeito e, devido ao grau elevado de intimidade propiciado pelo convívio permanente na sala de aula, o profissional e o pessoal tendem a se confundir. Contudo, o que se pretende demonstrar é que, nos casos de indisciplina, diferentemente dos casos claros de violência escolar, o que está sendo colocado em xeque pelos alunos é a função específica desempenhada pelo docente de controlar e punir os comportamentos dos alunos, mesmo que, de forma indireta, isso possa vir a afetá-lo como pessoa.

algumas "conversas fora de hora" ou de um rápido "passeio pela sala de aula" que, muitas vezes, recebem apenas um olhar reprovador por parte do docente ou podem, até mesmo, passar despercebidos a eles, dadas as eficazes estratégias que permitem aos alunos "salvar a face". É preciso assim ressaltar, como bem lembra Cohen (1971), que o desvio não cria necessariamente a destruição das organizações, sendo que todas elas comportam uma certa tolerância a ele:

> Se por "desorganização social" nós entendemos a dissolução dos grupos sociais, a desintegração dos grupos sociais ou ruptura das atividades sociais organizadas, o desvio não pode ser identificado à desorganização social. Se ele não é contido, constitui sempre uma ameaça para a organização Em proporção limitada e dentro de certas circunstâncias, ele pode, não obstante, contribuir para a vitalidade e a eficácia da vida social organizada; e mesmo os membros do grupo que se conformam podem desejar não ver os desvios serem extirpados e nem os membros desviantes expulsos. (COHEN, 1971, p. 32)

Conforme pudemos observar, é somente em determinadas situações específicas que a indisciplina assume uma natureza mais perturbadora, passando a constituir-se, de fato, num empecilho para o desenvolvimento da aula, atraindo, por isso, queixas mais contundentes por parte de professores e alunos. De modo geral, isso só tende a ocorrer quando ela é freqüente, envolve um grande número de alunos, quebra várias regras ao mesmo tempo ou acontece em momentos muito específicos da aula, especialmente naqueles em que os professores fazem uso

---

[31] Devido os limites e objetivos deste trabalho, nos limitaremos a anunciar esses fatores. Sua discussão mais sistemática encontra-se em Silva (2007).

da palavra.³¹ Assim, se do ponto de vista da natureza de cada comportamento é possível afirmar que sua gravidade aumenta na medida em que os atos de indisciplina tendem a quebrar regras relativas às formas de relacionamento entre os sujeitos na sala de aula – como muito bem descreve Amado (1998, 2001) com os seus níveis de indisciplina –, se tomarmos como critério de gravidade a capacidade do comportamento em perturbar o desenvolvimento de uma aula, tudo passará a depender da maneira como esses fatores se articulam em cada aula específica.

Por fim, algumas conclusões gerais podem ser tiradas acerca da presença dos comportamentos de indisciplina nas turmas investigadas:

a) Quanto à freqüência, em consonância com outras investigações (ESTRELA, 1986; AMADO, 2001; DOYLE, 1986), pudemos identificar que o número de ocorrências está diretamente relacionado à gravidade intrínseca dos comportamentos desviantes: quanto mais graves os comportamentos, menor é a sua ocorrência na aula. Assim, a menor incidência ficou por conta dos comportamentos que violam regras relativas à relação entre alunos e professores, seguido pelos eventos que violam regras relativas à relação entre os próprios alunos. Todos os outros tipos de indisciplina são muito usuais, cabendo destacar a enorme freqüência de comportamentos como as conversas, os barulhos, os atrasos e as locomoções em sala de aula.

b) Os diversos tipos de indisciplina não atingem os professores indistintamente, o que significa dizer que alguns deles conseguem "isolar" a ocorrência de determinados eventos, particularmente aqueles cuja natureza é mais grave.

c) Os diversos tipos de indisciplina não são praticados indistintamente pelo coletivo de alunos.

d) Dado que algumas regras escolares são relativas, ou seja, variam de professor para professor, alguns comportamentos podem ser vistos como indisciplina em determinadas aulas e não o ser em outras.[32]

e) Comportamentos geralmente descritos como indisciplina tendem a não ser assim compreendidos em algumas circunstâncias específicas devido às exceções que todas as regras escolares costumam comportar. De modo geral, nas interrogações que fizemos aos alunos e professores quanto ao caráter desviante assumido por alguns comportamentos, uma mesma afirmação se repete: "depende de...". Conforme pôde ser observado, essas exceções à norma se encarregam de estabelecer um campo aberto às interpretações que faz com que o limite entre o proibido e o permitido, o perturbador e o não-perturbador, o tolerado e o intolerado possam, muitas vezes, depender da forma como os sujeitos interpretam cada evento em especial, e das negociações que possam ocorrer em sala de aula.

## Características dos comportamentos de violência

As observações realizadas indicam que são regras de natureza totalmente diferente daquelas cuja violação

---

[32] Foram identificados pela pesquisa dois grupos de regras. No primeiro, encontra-se um conjunto de regras que tendem a ser valorizadas e utilizadas por todos os professores indistintamente e que parecem assumir um caráter "universal", dada a recorrência com que são encontradas em estudos realizados em diferentes países. No segundo grupo, mais restrito, encontram-se aquelas regras que constituem exigências particulares de certos professores.

constitui os atos de indisciplina que se encontram ameaçadas quando estamos diante dos eventos típicos de violência escolar.

Em primeiro lugar, elas não constituem "privilégios" da instituição escolar, para usar a expressão de Foucault, sendo sua violação, na grande maioria dos casos, facilmente enquadrada como ato infracional.[33]

Em segundo lugar, suas funções não se ligam diretamente à garantia das condições necessárias ao trabalho pedagógico, como no caso das regras de disciplina, mas, de modo mais imediato, à preservação do patrimônio escolar e da integridade física, psicológica, material ou moral dos sujeitos. É bem verdade que, como alerta Estrela (1986), mesmo as convenções sociais mais gerais, quando transpostas para o campo da sala de aula, acabam por funcionar como formas de reforço da autoridade do professor e, por isso, tendem a assumir uma forte função pedagógica. Porém, elas não constituem regras especificamente escolares e, por isso, conforme pudemos observar, suas violações costumam ser condenadas mais em função dos danos que acarretam aos sujeitos, do que dos distúrbios que podem gerar no desenvolvimento das atividades pedagógicas.

A pequena quantidade de registros desse tipo de evento, durante o trabalho de campo, evidencia a raridade dos comportamentos de violência no quotidiano das duas turmas investigadas, confirmando os depoimentos dos professores que indicavam a indisciplina, e não os atos de violência, como sendo um dos grandes problemas da escola.[34]

---

[33] Segundo o artigo 103 do Estatuto da Criança e do Adolescente (1990), considera-se como ato infracional a conduta de uma criança ou adolescente descrita como crime ou contravenção penal.

[34] Porém, essa raridade não significa que não se deva dar importância aos casos de violência. Se, de fato, eles não chegam a constituir-se como um

De modo geral, os comportamentos de violência observados podem ser divididos em dois grupos. O primeiro deles abriga aqueles comportamentos facilmente identificados – pela instituição escolar, pelos alunos ou pelo próprio pesquisador – como sendo atos de violência, visto que se encontram devidamente prescritos nas leis do país como sendo crimes ou contravenções penais.[35] Enquadram-se neste grupo *cinco casos de agressão física, um caso de dano ao patrimônio público e um atentado com bomba*, todos envolvendo alunos das turmas investigadas.[36] Nesses eventos, chama a atenção o fato de nenhum deles ter ocorrido no ambiente da sala de aula, indicando que os atos de violência mais sérios tendem a ocorrer nos espaços menos vigiados do estabelecimento de ensino. Destaca-se, ainda, a grande participação das meninas como protagonistas e vítimas desses atos, particularmente nos casos de agressão física.

No segundo grupo, encontram-se aqueles comportamentos que, embora dificilmente possam ser enquadrados como atos infracionais, apresentam uma certa gravidade e afetam diretamente a integridade dos sujeitos, ainda que possam ser confundidos com os atos de indisciplina ou

---

problema maior para a escola, a experiência particular de cada vítima, mesmo que pouca, já constitui em si um forte motivo para que se dê atenção ao fenômeno. Além disso, é preciso destacar que nos referimos aqui apenas aos eventos cuja ocorrência pudemos observar diretamente. É lícito supor que muitos atos de violência, tais como as intimidações a alunos, não sejam tão facilmente observáveis.

[35] Neste caso, por se tratar de adolescentes devem ser encarados como atos infracionais.

[36] Os casos de agressão física, entretanto, apresentam gravidade bastante distinta, tendo em vista os danos criados às vítimas. Somente num deles foram detectados ferimentos mais graves. Nos demais, as agressões foram leves e acompanhadas de xingamentos ou ameaças.

passar por "brincadeiras".[37] Esse é, por exemplo, o caso das chacotas freqüentes a que é submetida, devido ao seu peso elevado, a aluna Jenifer, da Oitava Branca. As "brincadeiras" de que ela costuma ser alvo vão dos apelidos variados a formas mais coletivas de humilhação, como a descrita abaixo:

> A professora pede a Jenifer que chame algum funcionário da cantina para ver se ele sabe algo sobre o jogo da "Mariquinha". Pode-se notar que Leandro trama algo para a chegada de Jenifer. A combinação passa de boca em boca. A aluna chega acompanhada do porteiro que irá participar da aula. A atenção dos alunos, porém, parece estar toda voltada para Jenifer que será alvo de uma brincadeira. A aluna senta em sua cadeira e todos os demais alunos da sala se levantam e voltam a sentar, como se o peso dela tivesse provocado o deslocamento de todos de suas cadeiras. Todos dão gargalhadas. A professora parece não entender o que está acontecendo. A aluna, sem graça, evita sentar novamente. Escora na parede e, em seguida, abaixa-se perto da carteira de uma colega. O porteiro parece sem graça e também demonstra não entender o que está acontecendo. Jenifer, constrangida, resolve sentar e novamente é vítima da brincadeira. Senta-se e levanta sucessivamente fazendo com que a turma faça o mesmo, o que provoca muito barulho, risos, gritos e conversas. A aluna fica em pé com medo de que os colegas repitam a brincadeira. Olha fixamente para a turma procurando uma nova oportunidade para se sentar sem que ninguém veja. Leandro explica a brincadeira a uma colega, que não a havia entendido. Diz que se trata de algo que acontece no programa do "Chaves" quando o personagem

---

[37] A existência desses eventos demonstra que não se deve limitar o estudo da violência aos atos previstos no Código Penal.

"Senhor Barriga", que é muito gordo, senta-se em um sofá. [...] (Aula de Artes, Oitava Branca, 10 de Setembro de 2004)

Embora os alunos demonstrem encarar esse tipo de chacota como uma espécie de brincadeira, essa não parece ser a interpretação de Jenifer que assim se exprime sobre as gozações feitas pelos colegas:

> *Jenifer:* Eu não sei. Eu não consigo entender isso de forma alguma [Fala das brincadeiras que os colegas fazem com ela]. Não consigo entender. Eu não sei, sabe, porque eu acho que todo mundo tem defeito, ninguém é melhor do que ninguém. Então, eu não vou ficar zoando o aluno porque ele tem defeito. Às vezes a gente zoa por brincar, mas eles não. Eu acho que... parece que é para machucar as pessoas. Igual, teve um dia que o professor de História preparou um assunto para cada grupo, um trabalho dentro da sala de aula. Aí, era um assunto para cada um, sobre discriminação e racismo. Aí um grupo ficou... o nosso ficou com o racismo contra o nordestino, outro contra os negros. Das meninas... do outro grupo ficou o racismo assim, contra as pessoas mais gordinhas e os meninos ficaram com o racismo contra a mulher. Não é racismo não, discriminação com a mulher. E o outro com a classe mais alta e os mais pobres. Então, eu achei super legal, todo mundo discutiu, colocou as propostas, todo mundo falou muito bem na sala, não teve ninguém que ficou contra. Explicou onde tinha discriminação, onde tinha o racismo. Foi muito bom. Acho que o professor também gostou. Foi o melhor dia de aula, mas assim, no dia assim, foi ótimo, mas para mim não valeu de nada, porque depois, nos outros dias, os meninos continuaram com a zoação. Assim, sabe, continuaram zoando até... sempre tem... eles zoam assim, eu por exemplo, eles me chamam de melão, melancia. [...] Então, para mim não valeu de nada. A gente

discutiu, todo mundo falou o que tinha para falar e não resolveu nada porque continuou a zoação a semana inteira. Então, eu acho que ninguém aprendeu nada não, sabe. Então, eu não sei o quê que acontece com esses meninos, que eles não param. Não sei.

*Pesquisador:* E como você se sente?

*Jenifer:* Eu me sinto mal, principalmente quando é comigo, sabe. Quando é comigo, a gente fica se sentindo mal, porque parece que você sente que ninguém gosta de você. Que todo mundo fica... imagina uma sala inteira ficar te zoando. As vezes é até engraçado, sabe. [...] A gente fica muito mal, tem dia que a gente não agüenta, a gente começa a chorar. Aí a gente tem que conversar com alguém. Eu mesma, várias vezes eu já saí fora de sala com problemas em casa, problemas na escola com os meninos. Eu mesma já saí da sala chorando. Aí as meninas vão atrás de mim, aí eu começo a conversar com elas. Elas falam "Oh, você não pode ver isso. Você tem que ver o seu lado. Não liga para os meninos, para o que eles falam".

Aí eu entendo, mas não adianta porque a semana toda é assim, sabe, então é a semana toda, não tem como ficar chorando todo dia, não é, então você tem que agüentar tudo. É muito ruim. Ruim demais da conta.

Eventos desse tipo têm sido freqüentemente descritos pela literatura científica como um caso de violência escolar, sob a designação de *bullying*. Nota-se que, embora os alunos possam encarar as chacotas como brincadeiras, elas interferem significativamente na vida da aluna, que, além de ficar constrangida diante dos colegas, relata se sentir pouco querida por eles e, não raro, chora devido às humilhações. Embora os alunos não se vejam como agressores, para Jenifer subsiste a sensação de que o limite do tolerável foi ultrapassado e de que os atos dos colegas não devem ser encarados como simples "zoação" ou "bagunça", termos geralmente associados a casos típicos de brincadeira ou de indisciplina. Contudo, é preciso enfatizar que não se deve tão facilmente qualificar esse tipo de "gozação" como ato de violência, já que, como acabamos de mostrar, grande parte deles não representa qualquer ameaça à integridade dos sujeitos. Embora tenhamos presenciado algumas outras brincadeiras semelhantes às realizadas com Jenifer, nelas não foi possível identificar uma persistência dos eventos e, muito menos, qualquer sensação por parte dos sujeitos de que estavam sendo agredidos, fatores que parecem fundamentais para que se possa imputar a esse tipo de comportamento um caráter violento. Como pudemos observar, e tão bem destaca Ortega Ruiz,

> O problema aparece quando a brincadeira se torna pesada, ou seu conteúdo é insultuoso ou insolente, ou está formulada com um sentido de humor excessivamente sarcástico, que esconde uma dose de má intenção e ridiculariza pessoas presentes ou ausentes. (1998 *apud* AMADO; FREIRE, 2002, p. 53)

Cabe ressaltar, por fim, que, por constituírem-se como eventos de natureza mais grave, mesmo no caso em que não são previstos como atos infracionais, os casos de violência são geralmente condenados com muita veemência pela instituição escolar, principalmente se comparados aos casos de indisciplina que, não raro, tendem a ser ignorados pelos docentes e pela instituição. Prova disso é que, enquanto a solução de atos de indisciplina parece ser de competência quase exclusiva do professor, casos de violência dificilmente deixam de ganhar um tratamento institucional.

### Considerações finais

Ao tentar evidenciar, neste texto, algumas possibilidades de distinção conceitual entre os fenômenos da indisciplina e da violência escolar, não pretendíamos sugerir definições universais desses fenômenos. Procuramos apenas demonstrar que, face à indistinção e fluidez conceitual que vem marcando, nos últimos anos, o emprego desses dois termos, e face ao perigo, tão bem evidenciado em diversas pesquisas, de se tomar o conceito de violência como principal aglutinador simbólico dos atos disruptivos ocorridos na escola e na sala de aula, o reconhecimento das devidas fronteiras tornou-se imprescindível. Assim, se, por um lado, o conceito de indisciplina parece não mais se ajustar a uma parte dos comportamentos desviantes ocorridos na escola e na aula, por outro, o uso indiscriminado do conceito de violência escolar, bem como a forma abrangente com que ele tende, por vezes, a ser empregado, parece acarretar sérios riscos, dentre eles o de conferir uma gravidade indevida a certas condutas e o de destituir de importância pedagógica comportamentos desviantes menos graves e mais triviais, como os de indisciplina.

Como procuramos demonstrar, seja por meio da literatura especializada ou dos dados empíricos coletados, os atos de indisciplina tendem a se caracterizar principalmente pela violação das regras que visam mais imediatamente assegurar as condições necessárias à realização das atividades pedagógicas. Trata-se, portanto, de atos triviais e de pequena gravidade que não devem ser confundidos com atos de violência escolar que, conforme vimos, violam regras sociais mais amplas e tendem a ser condenadas sobretudo devido aos danos pessoais, presentes ou futuros, que podem acarretar aos sujeitos ou ao patrimônio escolar. Porém, embora menos graves, esses atos são bastante freqüentes e podem assumir formas extremamente perturbadoras, chegando a inviabilizar quase que por completo a realização das atividades pedagógicas e dificultando a socialização dos discentes, o que confere ao estudo da indisciplina grande relevância social e pedagógica. Se não pudemos mensurar o impacto dessa perturbação sobre as aquisições cognitivas dos alunos, diversos estudos, dentre eles os citados na introdução deste trabalho, revelam que ele é significativo. Apesar da permanente preocupação das escolas, professores, alunos e pais com o problema da indisciplina, a temática ainda é pouco explorada por pesquisas acadêmicas, especialmente no Brasil, ainda que a questão seja abordada de forma indireta em vários trabalhos que têm como foco outras dimensões da vida escolar.[38] A diluição do estudo desse fenômeno na problemática geral da violência escolar, além dos equívocos que suscita, em nada contribui para que possamos melhor compreendê-lo.

## Referências

ABRANOVAY, M.; RUA, M. G. Violências nas escolas. Brasília: UNESCO, Instituto Ayrton Senna, UNAIDS, Banco Mundial, USAID, Fundação Ford, CONSED, UNDIME, 2002.

ABRANOVAY, M.; CASTRO, M. G. *Ensino Médio: múltiplas vozes*. Brasília: UNESCO, MEC, 2003.

AMADO, J. *Interação pedagógica e indisciplina na aula: um estudo de características etnográficas*. 1998. Tese (Doutorado em Ciências da Educação) – Faculdade de Psicologia e de Ciências da Educação, Universidade de Lisboa, Lisboa, 1998.

AMADO, J. *Interação pedagógica e indisciplina na aula*. Porto: Asas Editora, 2001.

AMADO, J. *Uma abordagem da violência escolar*. In.: 1º SIMPÓSIO INTERNACIONAL "JUSTICIA Y VIOLÊNCIA JUVENIL: CLAVES PARA LA INTERVENCIÓN", 1, 2004, Córdova.

---

[38] Nesse sentido, ver, por exemplo, SZENCZUK, Dorotéa Pascnuki. *(In)Disciplina Escolar: Um Estudo da Produção Discente nos Programas de Pós-Graduação em Educação (1981-2001)*. 2004. Dissertação (Mestrado em Educação) – Setor de Educação, Universidade Federal do Paraná, Curitiba, 2004.

AMADO, J.; FREIRE, I. *Indisciplina e violência na escola: compreender para prevenir*. Porto: Edições Asa, 2002.

ARAÚJO, C. *A violência desce para a escola: suas manifestações no ambiente escolar e a construção de identidade dos jovens*. Belo Horizonte: Autêntica, 2002.

AURÉLIO, B. H. *Novo dicionário Aurélio da língua portuguesa*. 2. ed. Rio de janeiro: Nova Fronteira, 1986.

BECKER, H. S. *Outsiders: études de sociologie de la déviance*. Paris: Metailie, 1985.

BRASIL. Ministério da Educação. Instituto Nacional de Estudos e Pesquisas Educacionais Anísio Teixeira – INEP. *Pesquisa Nacional Qualidade da Educação: a escola pública na opinião dos pais (Resumo Técnico Executivo)*. Brasília, 2005.

BRASIL. *Estatuto da Criança e do Adolescente*. Lei n. 8.069 de 13 de julho de 1990.

BRASIL. Ministério da Educação. Instituto Nacional de Estudos e Pesquisas Educacionais Anísio Teixeira – INEP. *PISA 2000: Relatório nacional*. Brasília, 2001. Disponível em: <www.inep.gov.br/download/internacional/pisa/PISA 2000.pdf>. Accsso em: 18 maio 2007.

CAMACHO, L. M. Y. A violência nas práticas escolares de adolescentes. In: *Reunião Anual da ANPEd*, 24, 2001, Caxambu.

COHEN, Albert. *La déviance*. Gembloux: Duculot, 1971.

DALBEN, Â. I. L. F. (Coord. Geral). *Avaliação da Implementação do Projeto Político Pedagógico Escola Plural*. Belo Horizonte: UFMG/FAE/GAME, 2000.

DEBARBIEUX, É. *La violence en milieu scolaire: état des lieux*. 2. ed. Paris: ESF Éditeur, 1997.

DEBARBIEUX, É. *A violência na escola francesa: 30 anos de construção social do objeto (1967-1997)*. Educação e Pesquisa, São Paulo, v. 27, n. 1, p. 163-193, jan./jun. 2001.

DELAMONT, S. *Interacção na sala de aula*. Lisboa: Livros Horizonte, 1987.

DOYLE, W. Classroom organization and management. In: WITROCK, M. C. (Ed.). *Handbook of research on teaching*. New York: MacMillan, 1986.

ELIAS, N. *O processo civilizador: a formação do Estado e civilização*. 2. ed. Rio de Janeiro: Jorge Zahar, 1996.

ESTRELA, M. T. *Une étude sur l'indiscipline en classe*. Lisboa: INIC, 1986.

ESTRELA, M. T. *Relação pedagógica, disciplina e indisciplina na aula*. 4. ed. Porto: Porto Editora, 1992. (Coleção Ciências da Educação).

ESTRELA, M. T.; AMADO, J. S. Indisciplina, violência e delinqüência na escola: uma perspectiva pedagógica. *Revista Portuguesa de Pedagogia*, Ano XXXIV, n. 1/2/3, 2000, p. 249-271.

FOUCAULT, Michel. *Vigiar e punir*. 6. ed. Petrópolis: Vozes, 1987.

FREIRE, I. M. P. H. *Percursos disciplinares e contextos escolares: dois estudos de caso*. 2001. Tese (Doutorado em Ciências da Educação) – Faculdade de Psicologia e de Ciências da Educação, Universidade de Lisboa, Lisboa, 2001.

FURLAN, A.; REYS, B. F. T. Enfrentando la violência em las escuelas: um informe de México. In: UNESCO. *Violência na escola: América Latina e Caribe*. Brasília: Unesco, 2003.

LATERMAN, I. Incivilidade e autoridade no meio escolar. In: *Reunião Anual da ANPEd*, n. 25, 2002, Caxambu.

ORTEGA RUIZ, R.; MORA-MERCHAN, J. Agresividad y violencia: el problema de la victimización entre escolares. *Revista de Educación*, Madrid, n. 313, p. 7-27, 1998.

PRAIRAT, E. *Questions de discipline à l'école et tailleurs*. 2. ed. Ramonville Saint-Agne: Érés, 2003.

SILVA, L. C. *Disciplina e indisciplina na aula: uma perspectiva sociológica*. 2007. Tese (Doutorado em Educação) – Faculdade de Educação, Universidade Federal de Minas Gerais, Belo Horizonte, 2007.

SPOSITO, M. P. Um breve balanço da pesquisa sobre violência escolar no Brasil. *Educação e Pesquisa*, São Paulo, v. 27, n. 1, p. 87-103, jan./jun. 2001.

TIGRE, M. G. E. S. Violência na escola: análise das influencias socioculturais. In: *Reunião Anual da ANPEd*, 26°, 2003, Poços de Caldas.

VINCENT, G.; LAHIRE, B.; THIN, D. Sobre a história e a teoria da forma escolar. *Educação em Revista*, Belo Horizonte: n. 33, p. 7-47, 2001.

WAISELFISZ, J. J. *Mapa da violência II: os jovens do Brasil*. Brasília: Unesco, 2000.

# Agressividade e violência na Educação Infantil[1]

*Iza Rodrigues da Luz*
*Luiz Alberto Oliveira Gonçalves*

O presente artigo reflete o resultado de uma pesquisa realizada com profissionais da Educação Infantil, com o objetivo de conhecer suas concepções de agressividade e de violência, bem como o reflexo dessas concepções nas práticas pedagógicas. A pesquisa foi realizada em uma creche que atendia crianças de dois a seis anos. Foram realizadas entrevistas semi-estruturadas com quatro professoras e com a coordenadora da creche, que assumia as tarefas de direção e coordenação pedagógica, e observações da rotina diária da instituição, incluindo o trabalho das professoras entrevistadas em suas respectivas turmas. A análise do material coletado indica a predominância de uma visão negativa da agressividade, que é tida como um comportamento que deve ser repreendido. Embora as profissionais considerem que aspectos relacionais da vida familiar das crianças podem funcionar como estímulos para os comportamentos agressivos, elas não vêem o ambiente da creche

---

[1] Este estudo fez parte da tese de doutorado da primeira autora, que foi orientada pelo segundo autor.

nem as interações intracreche como elementos que participam da manifestação do comportamento agressivo das crianças. Assim, na parte final do artigo, são feitas algumas considerações sobre as funções da instituição de Educação Infantil na promoção do desenvolvimento integral das crianças e sobre as concepções de agressividade infantil defendidas pelas profissionais, destacando em que medida tais concepções ajudam ou dificultam a adoção de práticas educativas mais apropriadas para a fase de desenvolvimento das crianças atendidas pela instituição.

## Instituições educacionais e a infância

O estudo das concepções de agressividade e violência sustentadas pelas profissionais da educação infantil mostra-se como um assunto importante devido à singularidade das instituições desse nível de educação (creche/pré-escola) quando comparadas com as escolas dos demais níveis de ensino, que têm como função principal a instrução. As crianças entre zero e seis anos, atendidas por essas instituições, têm necessidades específicas de cuidado, cabendo aos que assumem a tarefa de educá-los propiciar situações que lhes auxiliem a adquirir capacidades motoras (sentar, andar, controlar os esfíncteres), psíquicas (falar, pensar) e sociais (estabelecer relações com os outros – crianças e adultos). Essa ênfase na formação geral da criança exige que as instituições trabalhem na dupla função de cuidar e educar (ROSEMBERG, 1986; CAMPOS, 1993). Por essa razão, as instituições de Educação Infantil, assim como a família, tornam-se contextos de extrema importância no processo de desenvolvimento das crianças. Lembramos, ainda, que muitas instituições funcionam em período integral, ficando a seu cargo a maior parte dos cuidados com a criança. Nessas situações, o papel da instituição é ainda mais influente em sua formação.

As instituições de Educação Infantil, reconhecidas na Constituição Federal de 1988, como um direito das crianças e dever do Estado, passaram a fazer parte do sistema de educação brasileiro tendo seus objetivos e normas de funcionamento disciplinados pela Lei de Diretrizes e Bases da Educação Nacional (LDB) n° 9.394/1996.

A compreensão do processo de desenvolvimento infantil nos seus mais diversos aspectos coloca-se como conhecimento indispensável para essa tarefa educativa. Foi, portanto, nesse sentido, que se buscou, no presente estudo, compreender aspectos que envolvem as preocupações e cuidados com as crianças nessas instituições, sobretudo nas questões que afetam seu desenvolvimento psíquico. A escolha dos temas da agressividade e da violência não foi, assim, um mero acaso, mas uma necessidade de se desvendar aspectos de um fenômeno nem sempre compreendido pelos educadores da infância.

Para tratar da agressividade e da violência na primeira infância, tomamos como suporte as proposições teóricas do eminente psicanalista Donald Woods Winnicott, que reconhece "a agressividade como um componente da ação humana importante para o desenvolvimento infantil" e diferencia essa agressividade dos comportamentos hostis, voltados para a destruição do outro ou de objetos. Tais comportamentos podem ser caracterizados como violentos.

Antes de aprofundarmos as reflexões sobre a agressividade na primeira infância, procuraremos refletir sobre o conceito de violência. Essa tarefa, para nós, parece relevante porque, mesmo conceituando a violência como uma forma extremada de agressividade, precisamos delinear melhor sua característica e distingui-la de outras presentes em inúmeros fenômenos.

A seguir, apresentaremos brevemente a contribuição de alguns autores sobre o referido tema. Embora não tenham estudado o fenômeno da violência em populações infantis, consideramos que suas reflexões possam ser válidas para o nosso tema de estudo.

## Algumas características da violência

Inicialmente, cabe lembrar que não é fácil definir ou conceituar o que se entende por violência. A conceituação geralmente oscila entre a redução dos comportamentos violentos àqueles referidos à criminalidade ou à agressão física de maior ou menor gravidade e a ampliação do conceito de maneira que qualquer manifestação de agressividade, conflito ou indisciplina seja considerada como violência.

Para Dimenstein (1996), vários fatores como desemprego, renda, escolaridade, religião, cor, desestrutura familiar, etc., estão relacionados na determinação da violência. Spósito (1998) enfatiza que são várias as explicações que têm sido utilizadas sobre o fenômeno da violência, sendo que uma delas se apóia nas determinações sociais e econômicas. Entretanto, essa autora defende a idéia de que a violência é, ao mesmo tempo, produto de condições estabelecidas e de um conjunto de experiências e finalidades produzidas pelos atores, que não está totalmente determinado *a priori*.

Costa (1986) defende a idéia de que violência é o emprego desejado de agressividade com fins destrutivos. Desse modo, agressões físicas, brigas e conflitos podem ser expressões de agressividade humana, mas não necessariamente de violência. Na violência, a ação é traduzida como violenta pela vítima, pelo agente ou pelo observador. A violência ocorre, então, quando há desejo de destruição.

Perine (1987) afirma que a violência, mesmo que possa ser graduada, contida, transformada e assumida como instrumento a serviço da razão, se configura como a exclusão deliberada de algo ou alguém. Afirma, ainda, que o ser humano é violento e razoável, precisando de regras para viver porque tem a consciência de que é o único ser que pode transgredi-la. Desse modo considera que só existe moral porque o ser humano é capaz de ser imoral. Com essa argumentação conclui que a moral existe para eliminar a violência da vida e das relações humanas.

Dentre essas definições de violência as que foram apresentadas por Costa (1986) e Perine (1987) são as que mais se aproximam da proposta por Winnicott. Nelas fica demarcada a intencionalidade do ato, a importância dos fatores contextuais, visto que é preciso que o autor ou a vítima traduza como violentas as ações que realizam ou "sofrem" e considere a dimensão moral da violência, que só pode ser assim entendida quando há o reconhecimento do "certo" e "errado" na vida e nas relações humanas.

Desse modo a realização de atos violentos pressupõe que a pessoa já tenha adquirido as habilidades de reconhecimento da alteridade, de distinção entre o "certo" e o "errado" e a capacidade de discernimento e interpretação das situações experienciadas. Por essas necessidades, e considerando o desenvolvimento das crianças na faixa etária de zero a seis anos, temos de reconhecer a dificuldade de essas crianças agirem de forma violenta, pois a intencionalidade do dano, ainda que possa estar presente na motivação da criança, não pode ser caracterizada como a intencionalidade presente no comportamento de um adulto. As crianças dessa faixa etária ainda não têm capacidade cognitiva que lhes permita avaliar de forma completa as possíveis conseqüências de seus atos, uma vez, que conforme Mead (1972 *apud* Sass, 2004), ainda não internalizaram o mecanismo de apropriação da atitude do outro, mecanismo fundamental na capacidade de auto-regular o próprio comportamento. Devemos, ainda, lembrar que diferentemente das crianças maiores e dos adultos, nessa faixa etária de zero a seis anos, as crianças ainda não têm completamente desenvolvida a linguagem, não podendo, na maior parte das vezes, expressarem o que estão sentindo por meio de palavras. Nesse contexto, conforme evidenciado na teoria de Wallon (1989), a emoção ainda é traduzida basicamente por meio de gestos.

Após essa exposição e diferenciação entre agressividade e violência, apresentamos algumas idéias de Winnicott que reforçam a importância das relações entre a criança e os primeiros cuidadores no que se refere à manifestação da agressividade.

## A agressividade na concepção de Donald Winnicott: o papel do meio ambiente

Como o objetivo deste estudo é dialogar com professoras e educadoras de creches sobre o tema da agressividade na infância, decidimos introduzir passo a passo o próprio processo pelo qual Winnicott desenvolveu o conceito de agressividade. Isso talvez possa ajudar a pensar essa expressão do comportamento infantil em outra direção. Entretanto, primeiramente, vale destacar o papel do ambiente no processo de desenvolvimento das crianças, para então focalizar como esses contextos influenciam a manifestação da agressividade.

A atenção ao comportamento infantil justifica-se como algo essencial porque é nessa fase que as crianças começarão a constituir-se enquanto sujeitos. Apesar dos autores (PIAGET, 1967; WALLON, 1989; FREUD, 1905/1969; ERIKSON, 1971) não apresentarem convergências no que se refere ao período a partir do qual a criança já consegue estabelecer uma relação com o mundo baseada na sua percepção enquanto uma pessoa diferenciada, todos eles ressaltam a importância das experiências com os outros seres humanos, em especial os adultos, na constituição da personalidade. Somente por meio dos cuidados e auxílios de outras pessoas é que os bebês e as crianças pequenas conseguem satisfazer tanto suas necessidades fisiológicas quanto psicológicas e sociais. Entretanto, sabemos que apesar dessa evidente precariedade no que diz respeito aos comportamentos necessários para continuar vivo, os bebês e as crianças mobilizam e modificam, à sua maneira, a vida daqueles que os rodeiam, bem como a forma de funcionamento dos ambientes que compartilham. Além disso, é nesse período inicial, a que estamos chamando primeira infância, que as crianças adquirem as capacidades de andar, pensar e se comunicar, que lhes preparam para compartilhar das atividades especificamente humanas. Compreender melhor como ocorrem esses ganhos e como as instituições encarregadas de cuidar das crianças asseguram a imposição de limites e regras de convivência são questões que nos interessaram e que consideramos estarem presentes nos processos de emergência e manifestação de comportamentos agressivos. Passemos, então, às experiências e descobertas de Winnicott.

 Winnicott trabalhou durante a Segunda Guerra Mundial, na coordenação de lares para crianças retiradas de suas famílias, por serem consideradas difíceis. A defesa do equilíbrio entre a participação da realidade externa e da realidade interna no funcionamento psíquico, corroborada pelas experiências que acumulou durante esse trabalho, em que supervisionou o tratamento de fugitivos e delinqüentes, levou-o a desenvolver suas reflexões sobre "a tendência anti-social".

Winnicott (1946) afirma que quando uma criança é auxiliada nos estágios iniciais no próprio lar, ela desenvolve o que o autor denominou "ambiente interno", a capacidade para autocontrolar-se. Entretanto, quando isso não acontece, ou seja, quando a criança não teve a oportunidade de criar um bom "ambiente interno", ela "necessita absolutamente de um controle externo se quiser ser feliz e capaz de brincar ou trabalhar" (p.123). Entendida dessa maneira, percebe-se que a tendência anti-social leva a criança a olhar um pouco mais longe:

> recorrendo à sociedade em vez de recorrer à família ou à escola para lhe fornecer a estabilidade de que necessita a fim de transpor os primeiros e essenciais estágios de seu desenvolvimento emocional. (p. 122)

Desse modo o meio ambiente passa a ter um papel preponderante para o desenvolvimento emocional, visto que a criança, por meio de pulsões inconscientes, atribuirá a outra pessoa a tarefa de cuidar dela. Para que isso aconteça, todas as vezes que a criança for privada de sua necessidade ou desejo, é preciso que ela perceba que tal privação é uma falha ou omissão do ambiente, ou seja, algo externo e não algo interno. Sendo assim, podemos dizer que só se desenvolve uma tendência anti-social quando a criança já experienciou algo positivo e houve a perda desse algo bom por um período maior do que ela conseguiu manter viva a memória dessa experiência.

> Tudo indica que o momento da privação original ocorre durante o período em que o ego do bebê ou da criança pequena está em processo de realização da fusão das raízes libidinais e agressivas (ou motilidade) do id. (WINNICOTT, 1956, p. 135)

Winnicott (1946) vê na tendência anti-social um sinal de esperança, pois a criança inicia uma busca pela estabilidade que lhe faltou no lar como estratégia para não enlouquecer. E, se conseguir encontrar o sentimento de segurança em tempo oportuno conseguirá, gradualmente, avançar da dependência e da necessidade de ser cuidada para a independência.

Para esse autor, o homem nasce com a capacidade inata de tornar-se um animal social em todos os sentidos, bastando que lhe dêem as condições para desenvolver essa capacidade. Para ele, o homem nasce com uma tendência inata à integração emocional e ao desenvolvimento, o que atinge quando cuidam dele com suficiente devoção. Em sua visão, a função do meio ambiente (a família, em primeiro lugar, e depois a pequena "sociedade" em que a criança cresce) é proporcionar, ao novo indivíduo, suficiente estabilidade e confiabilidade para que ele se sinta seguro de si e, como conseqüência, seja capaz de perceber o outro, devolvendo-lhe o que recebeu. Quando aqueles que cuidam da criança atrapalham seu desenvolvimento, interferem demais (invadindo) ou de menos (abandonando), e surgem as doenças. Dentro dessa sua teoria de desenvolvimento maturacional, a "agressividade" é tida como o impulso para agir, para ir em busca de algo, para sair do lugar, sendo sinônimo de iniciativa, ou seja, da energia empregada num movimento, do uso livre da capacidade de desejar e tentar alcançar a coisa desejada. Nesse sentido ela é de fundamental importância no desenvolvimento saudável da criança. Winnicott diferencia essa agressividade da hostilidade, identificada como a reação (ou ação) destinada a causar dano.

Para o nosso autor (1946), uma criança normal não é aquela que se comporta de modo sempre desejável, mas sim aquela que usa de todos os meios possíveis para se impor, colocando à prova seu poder de desintegrar, destruir, assustar, cansar, manobrar, consumir e apropriar-se. Quando encontra no lar um ambiente suficientemente forte e resistente às suas tentativas de desorganizá-lo, ela se tranqüiliza e consegue se sentir livre e capaz de brincar, ser uma criança irresponsável. Mas antes que isso aconteça, ela precisa se conscientizar do quadro de referência, e fará tentativas para testá-lo especialmente quando tem alguma dúvida quanto à estabilidade dos pais e do lar. Para Winnicott todos os crimes e delitos que levam as pessoas a serem julgadas ou retiradas da sociedade "têm seu equivalente normal na infância, na relação da criança com seu próprio lar (p. 121)".

Essa importância atribuída ao lar se associa ao posicionamento de que a criança deve conhecer o mundo a partir de seu ambiente familiar. Deve primeiro poder vivenciar, contando com isso com um sentimento de segurança, todos os sentimentos entre as quatro paredes de seu quarto. Somente desse modo, desafiando e até mesmo detestando os pais, é que a criança pode descobrir a parte mais profunda de sua natureza. Assim, os pais devem oferecer estabilidade suficiente para que a criança possa agir sem medo de deixar de ser compreendida e amada por suas atitudes. Para tanto "os pais terão que ser capazes de mostrar força e firmeza em suas atitudes para com os filhos, e também compreensão e amor" (WINNICOTT, 1945, p. 57).

Esse empreendimento de conhecer e tolerar a própria agressividade é apontado por Winnicott (1939) como fundamental para a saúde da criança e das pessoas em geral. Ele nos lembra que, infelizmente, a agressividade é uma das tendências humanas que mais é dissimulada, desviada e atribuída a agentes externos, e que isso pode prejudicar o desenvolvimento das atividades criativas e de trabalho, estimuladas pela agressão que não é negada e pela qual se assume a responsabilidade pessoal. Segundo ele, "por trás de todo jogo, trabalho e arte está o remorso inconsciente pelo dano causado na fantasia inconsciente, e um desejo inconsciente de começar a corrigir as coisas" (p. 96).

Com essa visão, esse autor repudia as atitudes sentimentalistas caracterizadas pela negação inconsciente da capacidade de destruição subjacente a qualquer atividade construtiva. Esse sentimentalismo é algo prejudicial para a criança em desenvolvimento que pode ser impedida de comunicar indiretamente sua destrutividade e, por essa razão, ter de mostrá-la de forma mais direta.

Para Winnicott (1964) a agressão tem dois significados: constitui uma reação direta ou indireta à frustração e, por outro lado, é uma das muitas fontes de energia de um indivíduo. Para o entendimento dessas duas manifestações devemos resgatar o surgimento da agressividade na vida do bebê. No início, ela se expressa no movimento, no prazer oriundo da capacidade de se movimentar e se encontrar com algo. Nesse momento por não haver, por parte da criança, uma razão clara para a ação, essa não pode ser interpretada como uma pancada ou pontapé. Acompanhando esses movimentos, compreendemos que essas "pancadas infantis" propiciam à criança o início da descoberta do mundo externo e de sua relação com objetos externos. Desse modo,

> [...] o que logo será comportamento agressivo não passa, portanto, no início, de um simples impulso que leva a um movimento e aos primeiros passos de uma exploração. A agressão está sempre ligada, dessa maneira, ao estabelecimento de uma distinção entre o que é e o que não é o eu. (1964, p. 98)

O desenvolvimento sadio é marcado então por movimentos naturais e pela tendência para bater contra as coisas, que são gradualmente usados pelo bebê, junto com outros comportamentos físicos e verbais, a serviço dos sentimentos de raiva, ódio e vingança. Essa passagem assinala a aceitação da contradição, pois a criança passa a amar e a odiar simultaneamente. O impulso de morder oferece um importante exemplo dessa associação entre o amor e agressão, que passa a ter um sentido aproximadamente a partir dos cinco meses de idade. Esse impulso que no fim integra-se no prazer obtido durante o ato de comer, entretanto, originalmente, "é o objeto bom, o corpo materno, que excita o morder e produz idéias de morder. Assim, o alimento acaba por ser aceito como um símbolo do corpo da mãe, do corpo do pai ou de qualquer outra pessoa amada" (WINNICOTT, 1964, p. 101).

A capacidade de deslocar o desejo de destruir um objeto bom e necessário para outro objeto é crucial para a saúde da criança, e isso coloca em destaque a capacidade de simbolização, pois é por intermédio dela que se pode obter o alívio relacionado aos conflitos "crus e incômodos", decorrentes da verdade pura. A aceitação dos símbolos e o brincar, baseado nessa aceitação, apresentam possibilidades infinitas para as experiências de vida da criança, pois, a instrumentalizam para experimentar "tudo o que se encontra em sua íntima realidade psíquica pessoal, que é a base do sentimento de identidade em desenvolvimento. Tanto haverá agressividade como amor" (1964, p. 100).

A construção é a outra alternativa importante à destruição no processo de amadurecimento da criança. O surgimento e a manutenção do brincar construtivo é um dos mais relevantes sinais de saúde. Ele aparece com o tempo e, assim como a confiança não pode ser imposta, mas deve resultar da totalidade das experiências de vida proporcionadas por aqueles que cuidam da criança (WINNICOTT, 1964).

Ao uso direto da agressividade caberá o combate da realidade externa percebida como má. Para isso, Winnicott tem a seguinte proposição:

[...] quando as forças cruéis ou destrutivas ameaçam dominar as forças de amor, o indivíduo tem de fazer alguma coisa para salvar-se, e uma das coisas que ele faz é pôr para fora e seu íntimo, dramatizar exteriormente o mundo interior, representar ele próprio o papel destrutivo e provocar seu controle por uma autoridade externa. (1939, p. 93-94)

## A agressividade no ambiente escolar e na relação com o adulto

O problema enfrentado freqüentemente nas escolas é, segundo Winnicott (1939), quase sempre essa dramatização da realidade interior que não pode ser tolerada por ser muito ruim.

Finalizando nossa reflexão sobre agressividade, gostaríamos de expor brevemente as alternativas que Winnicott apresenta para o que considera um dos principais problemas de adultos e crianças: encontrar formas seguras de eliminar a maldade. Nesse sentido propõe três alternativas:

> a) Uma primeira alternativa está ligada a dramatização e resolução (falsa) obtida nos rituais de cuidados decorrentes da eliminação de elementos físicos provenientes do corpo. Uma outra possibilidade é a utilização de jogos ou trabalhos que envolvam uma ação distinta que possa ser desfrutada com prazer e que possibilite a eliminação do sentimento de frustração e ofensa: "um menino que luta boxe ou chuta bola sente-se melhor com o que está fazendo, em parte porque gosta de agredir e dar pontapés e em parte porque sente inconscientemente (falsamente) que está expulsando a maldade através dos punhos e dos pés. (WINNICOTT, 1939, p. 94-95)

b) Um outro modo de eliminar a agressão madura é o encontrado na competição em jogos e trabalhos, presente entre os adolescentes.

c) Uma outra forma, e essa nos interessa mais de perto, é a orientada pelo medo. Esse tipo de agressão tem como objetivo encontrar o controle e forçá-lo a funcionar. Quando isso ocorre, o adulto deve ter sensibilidade suficiente para impedir que essa agressão fuja ao controle; para tanto, deve proporcionar uma autoridade confiante, que permita que um certo grau de maldade possa ser dramatizado e usufruído sem perigo. A retirada gradual dessa autoridade deve ocorrer ao longo do desenvolvimento da criança, assumindo um papel importante para aqueles que lidam com adolescentes. O reconhecimento desse importante papel do adulto diante da agressividade das crianças fez com que Winnicott (1939) enfatizasse que:

> É tarefa de pais e professores cuidar para que as crianças nunca se vejam diante de uma autoridade tão fraca a ponto de ficarem livres de qualquer controle ou, por medo, assumirem elas próprias a autoridade. A assunção de autoridade provocada por ansiedade significa ditadura, e aqueles que tiveram a experiência de deixar as crianças controlarem seus próprios destinos sabem que o adulto tranqüilo é menos cruel, enquanto autoridade, do que uma criança poderá se tornar se for sobrecarregada com responsabilidades. (WINNICOTT, 1939, p. 95)

## Concepções das profissionais da creche sobre a agressividade e modos de ação diante desse comportamento

Com base nos pressupostos acima organizamos um estudo de caso do qual nos valemos de observação e de entrevistas com as profissionais. Houve sessões em que mães participavam em relação com seus filhos. A seguir, apresentaremos apenas o resultado da investigação acerca das concepções que as profissionais desenvolviam sobre agressividade, violência e indisciplina, a partir de suas entrevistas.

Para a análise das entrevistas, realizamos uma agrupamento temático conforme o roteiro semi-estruturado. Desse modo apresentamos uma síntese das idéias do grupo e relacionamos essas posições com a literatura científica sobre esses as seguintes categorias:

1. Agressividade;
2. Violência;
3. Indisciplina;
4. Conduta diante de comportamentos agressivos;
5. Orientações da coordenação da creche sobre a conduta diante de comportamentos agressivos.

QUADRO 1 – Designação das profissionais entrevistadas

| Coordenadora | Cd |
|---|---|
| Professora da Turma 2 no turno da manhã | P1 |
| Professora da Turma 2 no turno da tarde | P2 |
| Professora da Turma 5 no turno da manhã | P3 |
| Professora da Turma 4 no turno da manhã | P4 |

Para efeito de apresentação, doravante nos referiremos a essas profissionais pelas designações acima citadas.

## Síntese das informações sobre cada categoria considerando as posturas do grupo de entrevistadas

### Agressividade

Para nós foi muito interessante perceber que todas as educadoras acentuaram a dimensão da experiência, das interações que a criança desenvolve com as outras pessoas como um fator a ser considerado influente na manifestação da agressividade.

> *Cd*: É, vem muito também da família, né?! Você percebe, né?! É o nosso caso. Tem muita criança aqui que é agressiva porque alguma coisa tá acontecendo em casa. Então, ele chega aqui e acaba descontando no amiguinho ou no coleguinha, e de várias formas, né?! As vezes é numa brincadeira, às vezes, é na, até na conversa dentro da sala de aula, né?! Ao redor... E bate, morde. Sempre a gente percebe que é alguma coisa que vem da família.
>
> *P1:* Agressividade pra mim é muita coisa, por exemplo que... É praticamente tudo que atrapalha na vida do ser humano. Por exemplo, se uma criança foi gerada no meio agressivo, ela pra mim, ela vai sempre, a não ser que tiver um trabalho muito especial mesmo pra que ela não futuramente não seja uma criança agressiva. Ela no caso foi gerada agressiva, vai crescer nesse ritmo se não tiver um trabalho e se não for muito bem trabalhada, futuramente pode se tornar uma pessoa agressiva [...].
>
> *P4:* Agressividade... Eu acho que quando uma pessoa é agressiva, eu penso assim, é porque ela vive num meio também agressivo, né. A gente só faz aquilo que a gente vê, que a gente vê as pessoas fazendo, né, e o que a gente aprende, automaticamente. Então agressividade é vista na televisão, né, na rua, na casa, os pais, né, até mesmo nas escolas também às vezes. Então eu creio que, pra mim, a agressividade assim é a falta de amor, de conversa, de diálogo.

Esse ponto de vista reforça as posições de vários teóricos (FREUD,1905/1969; DOLLARD *et al.*, 1939; BANDURA; WALTERS, 1963). A nosso ver, tais posições têm importantes implicações educativas porque demonstram a importância do ambiente (físico e social) no desenvolvimento das crianças, atribuindo desse modo um papel de destaque à função dos educadores/cuidadores, ponto de vista ressaltado por P1 que alerta para a importância de a professora não criar um clima propício à agressividade e ter um controle emocional para não tumultuar o ambiente.

> *P1*: Também depende muito da gente também, da maneira de quem está à frente da turma. Se a pessoa que está à frente da turma não estiver muito bem preparada até mesmo para trabalhar com isso, isso gera grandes problemas depois.Porque se a pessoa não estiver muito bem, também ela vai ficar descontrolada, já vai ficar falando muito alto, muito rápido, e isso vai fazer com que as crianças, fique a turma toda nesse ritmo.

Tanto a Cd quanto a P4 ressaltam o fato de as crianças ainda não terem competências cognitivas para se expressarem como os adultos. Para elas, isso é um dos motivos que impele as crianças a agirem agressivamente, ecoando a posição de Winnicott quando fala da tendência anti-social. Como já dito, esse autor vê a agressividade como uma forma de a criança chamar a atenção do educador para que ele fique mais próximo dela, pois essa é uma forma de comunicar seu sofrimento. Os fatores situacionais como motivação para a agressividade são reforçados por P3.

> *P3*: Bom, eu creio que muitas vezes, depende da situação, né? Não só, de repente, da sala de aula, né? Da... do relacionamento entre eles e muitas vezes também é um fator de fora, né? De repente, familiar, né? Na maioria das vezes, [é] familiar que acontece, né? De repente algo, algo em casa... falta de diálogo com os pais, falta de atenção dos pais para com eles e também é... entre irmãos e muitas vezes... como é que eu diria, o meio em que eles vivem, né? A vizinhança,

> os colegas que brincam e até os próprios pais. Muitos agridem, né? Briga de pai com mãe então... realmente um pouco disso aí, né? Mas... é... também no contexto da sala ali, do relacionamento entre eles também, eu acho que pode surgir desse choque de... de temperamento, né?

De certa forma, ela identifica a possibilidade de as próprias interações produzirem modificações que induzem a criança a agir de forma agressiva. Na citação acima, a P3 ressalta ainda a diferença dos fatores que instigam a agressividade nas crianças, pois reconhece que, às vezes, elas agem de modo deliberado, mas não intencional, pois, segundo sua percepção, as crianças não conseguem prever completamente as conseqüências de seus atos. Este aspecto já fora identificado por George Mead, em seu clássico estudo sobre a formação do *self* (MEAD, 1934) e posteriormente retomado por Anthony Giddens, em *A Constituição da Sociedade*.

Outro ponto que destacamos nas entrevistas com as profissionais de creche quanto às concepções que desenvolvem sobre a agressividade é o juízo moral que elas atribuem ao comportamento agressivo. Consideram-no sempre ruim, sempre negativo.

> *Cd:* Ah, eu não acho que seja bom uma criança tá reagindo dessa forma, né? Eu acho que não é por aí. Tipo, porque eu apanhei que eu vou bater também? Eu acho que não é por aí. Por isso que a gente tenta sempre mostrar à criança justamente isso.
> 
> *P1:* Sempre ruim. Eu nunca vi uma agressividade que trouxesse alguma coisa boa.
> 
> *P2:* Eu acho que sim, eu acho que sim. Assim a gente tem que... igual os pais mesmo, né? Eles ensinam às vezes, até muito às vezes, assim "se bater, cê desconta", aí nessa escola mesmo que eu trabalhava tinha

um pai que chegava no portão... ele abaixava e falava assim "se te bater, você desconta". Porque teve um caso de uma mordida e ele ficou ofendidíssimo que o menino dele voltou com uma mordida, então... acho que muita coisa. Mas eu acho que é um fator ruim, acho que a gente tem que aprender, a criança tem que, vamos supor, de uma forma ou de outra ela tá se defendendo, mas ela ser agressiva a esse ponto eu acho que é uma coisa ruim.

*P4:* Eu não acho boa, não.

Somente P3 afirmou que a agressividade nem sempre é ruim:

*P3:* De certa forma não é tão ruim assim porque ele vai até arrumar uma maneira de... é, como você falou, se defender mesmo, né? Aí você vai percebendo até uma questão de liderança, de... como que eu digo, tá é se organizando ali, né? Até pra... pra... pra impor limites ao outro. Então eu acho que não é assim sempre ruim, né? A partir da hora que a gente vai também falando e orientando pra... pra que isso assim seja feito, [é] até uma forma deles expressarem, né? Falar assim: – Não, ô, ô, esse aqui é meu espaço! Né? Então: – Cê tem que ficar no seu e respeita o meu! Mas eles não sabem fazer isso, então... realmente, de certa forma, não é tão ruim assim, porque aí a gente vai interferir pra poder é... é... mostrar, né? Como que a gente iria fazer de outra forma a não ser agressiva, né? Pra que ele possa defender, pra que ele possa... né?

Por essa citação verifica-se que a P3 pelo menos reconheceu o uso da agressividade como uma forma da criança defender seu espaço pessoal e de delimitação de fronteiras. Já para as outras educadoras, esse comportamento não se justifica e deve sempre ser alvo de correção.

Considerando o conjunto das citações das educadoras sobre os comportamentos agressivos das crianças, mostra-se importante indicar a necessidade de que o conceito de agressividade possa ser ampliado para incluir os diversos comportamentos infantis e que seja reconhecida a diferença entre a agressividade relacionada a motilidade, como algo próprio da criança, e a agressividade hostil, voltada para a destruição do outro ou de objetos. Essa distinção é essencial como subsídio para a ação educativa das instituições que atendem a crianças pequenas, pois o desenvolvimento dessas crianças é bastante influenciado pelas condutas dos adultos responsáveis por sua educação.

**Violência**

Inicialmente ressaltamos o fato de a violência ser usada como um sinônimo da agressividade por um grande número de autores (e mesmo aqueles que se dedicam ao estudo da violência não se preocupam em apresentar distinções entre esses dois conceitos). Nossa finalidade com a apresentação desse tema às educadoras era fazê-las refletir entre as possíveis diferenças no comportamento das crianças e adultos, já que em uma de suas acepções a violência implica um ato agressivo intencional, sendo, portanto um tipo extremado de agressividade. As concepções de violência apresentadas pelas educadoras também ecoam as já apresentadas neste estudo, variando desde aquelas que abarcam qualquer tipo de comportamento que maltrate o outro, como aquelas que o restringem aos atos físicos (P4) ou a atos coletivos (P1).

> *Cd:* Ah, quando ela bate, quando ela... mesma coisa, fala, né?! Porque, igual a gente fala, a gente não mata uma pessoa só com um revólver, mata uma pessoa também com as palavras, né? Às vezes, talvez até mate mais rápido do que... e fere mais rápido. É, mas é, qualquer tipo de... de atitude que venha a ferir o outro, né? É uma, uma violência, né?

*P1:* [...] por exemplo se fosse várias pessoas agressivas juntas, isso se poderia tornar no caso uma violência, uma coisa mais, mais...

*P4:* Tem também violência... Eu acho que quando você toca na pessoa, né, você toca com mais, com agressividade é que se torna uma violência, entendeu? Agora palavras eu não acho que é violência, eu não vejo palavras violentas. Eu acho que á mais assim, o físico, você agredir uma pessoa... até mesmo é no lado sexual. Tem muitas crianças que estão sendo violentadas. Eu já tive casos na minha sala disso. E... eu acho que a violência é isso, mais assim o físico.

No que se refere à agressividade todas as educadoras diferenciam-na da violência, entretanto com razões diferentes. Segundo a Cd e P2, na manifestação da violência deve haver uma relação de poder, o mais forte oprimindo o mais fraco. Já a agressividade estaria relacionada a um comportamento mais reativo, mais contextual. De certa forma, essas posições refletem o que um bom número de estudiosos já falou sobre o tema. Por exemplo, Marilena Chauí (1999) identifica a violência como uma das características das relações intersubjetivas e sociais definidas pela opressão e intimidação. No campo empírico, no contexto da creche, as educadoras também acreditam que as crianças possam agir dos dois modos: agressiva e violentamente, relacionando esse último modo com uma motivação interna provocada por sentimentos muito intensos de raiva e frustração.

Esse ponto de vista nos surpreendeu por sinalizar uma visão de criança diferente da vulgarmente difundida, que preconiza a pureza e a inocência, ao reconhecer a existência de relações de poder entre as crianças, que também sentem sentimentos considerados negativos. Percebemos uma consideração da criança como sujeito pleno e não como um "devir". Isso nos fez lembrar dos pressupostos da sociologia da infância que defendem do ponto de vista teórico a mesma posição.

Destacamos a posição da P1 sobre sua definição de violência anteriormente citada. A definição de violência proposta por P1, como algo coletivo, fruto da ação de várias pessoas, faz com que se acredite que somente os adultos possam ser violentos, sendo as crianças somente agressivas.

> *P1:* [...] por exemplo agora elas são crianças ainda, né? São agressivas do jeitinho delas. Elas não vão pegar um revólver, por exemplo, e matar um. Mas elas agora elas tão naquela fase que elas brincam, de revólver, "mata o outro, mata isso, mata aquilo", mas futuramente se a gente não souber trabalhar bem, futuramente elas podem se tornar pessoas muito agressivas mesmo e chegar mesmo a ser violentas porque não soubemos trabalhar hoje.

Alguns estudiosos (COSTA, 1986; PERINE, 1987) afirmam essa mesma posição porque, segundo eles, só os adultos podem expressar intencionalidade e consciência do que é moralmente correto quando conceituam a violência. Defendemos essa mesma posição, pois como Santos (2002) e Winnicott (1964) acreditamos que a violência seja um tipo extremo de agressividade, que só pode ser apresentado quando a criança têm consciência do que faz.

Nesse sentido ressaltamos a diferença entre consciência e capacidade de se auto-regular: na primeira, o sujeito sabe o que faz e o porquê, como diria Anthony Giddens, é capaz de explicar seu ato e até justificá-lo. A segunda, como diria George Mead, se refere à capacidade cognitiva de ponderar os vários fatores presentes em cada uma das situações propostas pelo cotidiano e então decidir de que modo agir, capacidade que só pode ser obtida com o pleno desenvolvimento das funções psíquicas superiores, se destacando, entre elas, a capacidade de abstração.

Nessa linha de raciocínio, pode-se dizer que a consciência não pode ser atingida, ainda que precariamente durante a infância. E mesmo quando existe algum resquício de consciência, ela ainda não consegue auto-regular. Seu comportamento é completamente controlado por fatores externos e, por esse modo, não teria condições de agir violentamente se considerarmos necessária a intencionalidade do ato.

### Indisciplina

A apresentação desse tema às educadoras teve como objetivo verificar o quanto o modelo escolar tradicional está presente na creche, pois consideramos necessário saber o tipo de disciplina esperado de crianças tão pequenas, assim como possíveis relações entre manifestações de agressividade e de indisciplina. Cd e P1 destacaram a importância da educação familiar na construção da disciplina.

> *Cd:* É a falta de... assim, aí volta a família de novo, né? De levar... educar a criança, ensinar a criança a fazer as coisas boas, né? Não deixar ver tanta coisa ruim que a gente vê no mundo, né? E também ser exigente com a criança. Não é dominar ele, colocar ele dentro de uma jaula, mas ir mostrando o que é certo, o que é errado, porque eu não posso fazer isso, porque eu posso fazer isso, e com isso você vai ensinando às crianças as coisas boas, e aí ela vai... né? Percebendo o que é uma disciplina.
>
> *P1:* [...] Porque a gente até fala: "É fulaninho, você não tem educação? Que isso? Isso é falta de educação, vamos aprender as boas maneiras, vamos fazer diferente, não é assim".

Para Cd a agressividade e a indisciplina estão relacionadas porque a criança age agressivamente por não distinguir o que é certo do que é errado. Para P1 e P3 esses dois comportamentos não são diretamente relacionados, pois não percebem em sua prática que ocorram simultaneamente ou em relação de contigüidade. Acreditamos que essa diferença pode ter sido fruto da forma como o tema foi abordado nas entrevistas, pois as professoras foram estimuladas a pensar no contexto de sala de aula, e a coordenadora, a refletir de modo mais conceitual.

As posições apresentadas pelas professoras P2 e P4 sobre o tema da indisciplina foram muito ricas. Antes de comentá-las lembramos que são justamente as duas professoras leigas e que por essa razão talvez tenham uma postura mais crítica quanto às práticas difundidas na creche. P2 identifica a indisciplina com a incapacidade da criança de compreender a rotina de determinado lugar. Essa definição deu possibilidade para que ela apresentasse suas críticas ao modo como são organizadas as atividades das crianças na creche. Acreditamos que estava fortemente envolvida com a questão utilizando a entrevista como um momento para conseguir "desabafar". De modo interessante relacionou a indisciplina de sua turma (Turma 2) com sua postura em sala e, na seqüência, relacionou sua postura com as restrições impostas pela coordenação da Creche.

> *P2:* Quem fica lá sou eu, né? Então, assim, entre aspas, a autoridade maior sou eu, então se a turma está do jeito que está... eu acho que uma turma assim não tinha necessidade de ser do jeito que ela é. As crianças lá não têm, é, vamos supor, não têm idade mesmo, sabe por quê? Eu sempre gostei de trabalhar com crianças de uma faixa etária menor. Tanto é que quando eu vim pra cá e a minha irmã falou que era maternal, eu achei ótimo. Porque eu acho que [é] uma

idade que se pode se trabalhar mais e obter muitas coisas dessas crianças. Então acho que pela idade dela e pelas coisas que estão acontecendo na turma 2, então eu acho que [é] um pouco erro meu de falar assim. Às vezes eu penso "que que tô fazendo que os meninos não estão fazendo uma fila direito, que os meninos não estão é... é... interessados?". Aí então também entra uma parte daqui da creche, que me passam... que é uma coisa que eu não concordo com as coisas que me deixam fazer. Eu acho que isso também tá ligado um pouco com meu rendimento na sala, entendeu? Então... mas essa indisciplina, também.

Ao esclarecer essas relações, P2 fala da dificuldade de conseguir manter as crianças "quietas" quando estão sem atividades e do fato de não poder desenvolver atividades de cunho pedagógico no turno da tarde, sendo difícil para ela conseguir manter as crianças motivadas. Fala da própria dificuldade dos adultos de agüentarem rotinas muito rígidas, destacando o quanto isso deve ser difícil para as crianças que, ao serem forçadas a ficarem sentadas e "quietas" sem atividades, são impelidas a agirem de modo agressivo, indisciplinado.

*P2:* [...] porque criança, ela é muito assim... elas pegam muita coisa e elas necessitam muita coisa nova. Então, eu fico de tarde, tem que inventar mil coisas pra quê? Pra tentar conter a atenção deles. Então chega uma hora que a gente desgasta. Igual, nessa hora lá que me passaram lá [que] no meu cronograma de 15h30 a 16h30 o que eu posso fazer [é] contar uma estória. Como que eu vou segurar uma criança uma hora, praticamente uma hora (agora que passou pra uma hora porque antes era uma hora e meia), sentada, contando uma estória? Não é do meu feitio. Eles não conseguem. Igual eu falei. Aí isso gera a indisciplina, gera agressividade, porque o colega tá apertando, tá isso, tá aquilo. Então acho que um problema muito sério daqui, pelo menos da parte da tarde, é falta de atividade. Porque eu acho que isso faz a turma ficar do jeito que está mesmo. Já falei até com a Irmã, por que que não deixa a gente trabalhar, sabe, outras coisas de interesse... O rendimento ia melhorar em todas as turmas.

Podemos interpretar essas posições de P2 usando as idéias defendidas por Narodowski (1994) quando ele fala da "pedagogização" da infância e das relações que ocorrem entre professores e alunos na sala de aula. Esse fato demonstra o quanto o trabalho na creche está influenciado pelo modelo escolar tradicional e como esse modelo pode impedir o atendimento de necessidades importantes das crianças pequenas. Se se admite que o modo de organização das atividades precisa considerar as capacidades já instaladas das crianças, bem como aquelas que se quer que sejam desenvolvidas, não se justifica uma disciplinarização rígida do corpo e da fala. Pois para que a creche consiga ser um espaço promotor do desenvolvimento das crianças precisa ser um ambiente que tenha estrutura física e atividades que lhes proporcionem estímulos adequados ao seu período de vida.

Reforçando esse posicionamento, lembramos as considerações apresentadas por Rossetti-Ferreira *et al.* (1994) e Carvalho e Rubiano (1994). Esses autores ressaltam a importância da rotina no cotidiano das crianças. Concordamos em parte, pois não há por que essa rotina seja traduzida na repetição do mesmo tipo de atividade, pois ainda que sejam necessários horários regulares de alimentação e higiene, nada impede que nos demais tempos possam ser planejadas atividades diversas que tenham objetivos comuns. As observações constantes de nosso diário de campo acentuaram uma certa improvisação nas atividades de cunho pedagógico que refletem a ausência de um melhor planejamento dessas atividades e a presença de vários momentos em que as crianças realmente ficavam um tempo grande sem qualquer atividade. Nesses momentos normalmente elas são colocadas sentadas "na pose do chinês" e devem permanecer assim, podendo no máximo cantar uma música, ficando caracterizado o fato de que somente estão aguardando para fazerem outra atividade. As manifestações de indisciplina, conforme colocado por P2, aumentam muito nesses momentos, já que as crianças procuram algo para fazer (mexer com o colega, conversar).

Um outro aspecto da organização da rotina da creche que merece nossa atenção diz respeito ao uso do refeitório pelas turmas. Como são oferecidas quatro refeições (café da manhã, almoço, lanche e jantar) às crianças, as turmas precisam seguir rigidamente os horários determinados, o que muita vezes impede a continuação de algo que as crianças estão gostando de fazer. Considerando que a creche atende às crianças em horário integral, constatamos que essa dupla função de cuidar e educar é ainda mais complexa do que nas instituições que atendem às crianças somente em um dos períodos, pois atividades como alimentação das crianças precisam ser realizadas várias vezes ao dia e, desse modo, a integração com as atividades de cunho mais pedagógico exige maior esforço e planejamento. Por esse modo, o planejamento, ou o projeto pedagógico da creche é, a nosso ver, seu ponto de maior fragilidade, sendo que o aprimoramento de seu trabalho depende, a nosso ver também, de um maior investimento nesse aspecto. P4, ao falar da indisciplina, marca uma mudança de postura decorrente de sua experiência ao afirmar que quando começou a trabalhar acreditava que a disciplina significava as crianças estarem "quietas" e "caladas" e que hoje sabe que não é isso, que as crianças podem muito bem trabalhar com outras crianças e conversarem ao mesmo tempo sem que isso signifique indisciplina. Ela considera a postura do educador como algo que influencia muito a indisciplina e afirma que o educador que não se preocupa em motivar a turma "por preguiça, prefere entregar tarefas prontas às crianças ao invés de deixá-las experimentar". Traz uma postura interessante quando afirma que a indisciplina é uma forma de a criança atingir o educador, se diferenciando assim da agressividade que é dirigida ao colega. Entretanto acredita que esses comportamentos possam estar relacionados quando a criança age agressivamente para descontar no colega a raiva que sentiu da professora ao ser repreendida.

> P4: É. Geralmente acontece, né. Ela está indisciplinada e agressiva ao mesmo tempo, né. Ela é indisciplinada, no caso, não obedecendo à ordem que eu dei de sentar na rodinha. E quando ela começa a rodar na rodinha e não senta, eu falo: – "Senta! Senta!". Ela passa perto de um e dá um "cocão" ou chuta também, que os meninos tem costume de chutar, aí ela tornou-se agressiva, né? Então eu creio até que essa agressividade dela foi porque eu dei uma ordem para ela sentar e ela não está querendo sentar, ela quer ficar em pé. Então como ela não pode me agredir, ela vai agredir o amigo.

Essa postura identifica uma motivação indireta da agressão e o fato de que, ao agredir um colega, a criança "sabe" que isso lhe traz conseqüências menos danosas do que se agredisse diretamente a professora. Dollard *et al.* (1963) e Hovland e Sears (1940) ajudam a explicar, de alguma forma, essa situação. Eles relacionam, cada um a seu modo, os aspectos de instigação da agressão à frustração de ter sido impedido de agir para atingir um objetivo anterior. Aqui relembramos a postura de P1 ao ressaltar a importância de que o educador não crie um clima propício à agressividade. Por todas essas razões o educador deve ter clareza do quanto influencia o comportamento das crianças, do quanto objetivos não explícitos de suas atitudes podem motivar comportamentos inadequados nas crianças.

## Conduta diante de comportamentos agressivos

Todas as professoras afirmaram que conversam com as crianças quando essas agem de forma agressiva, ressaltando a importância dessa conduta para que a criança perceba que seu modo de agir foi errado. P1 relata também que busca dar às crianças um ensinamento religioso, dizendo que "papai do céu" não gostaria de saber que elas agiram daquela forma, e comenta sobre o fato de as crianças pequenas escolherem outro colega para agir por elas. Essa posição novamente reforça o fato de as crianças possuírem modos de ação e organização próprios, peculiares dessa época da vida, posição importante a ser considerada na tarefa educativa e que pode ajudar na consolidação de novas formas de relação entre crianças e adultos, que respeitem mais essas especificidades. P1 fala também que como castigo substitui atividades, retirando a criança de algo que gosta de fazer, alertando para a importância de explicar à criança porque está sendo repreendida e para a necessidade da substituição ser feita na seqüência do comportamento indesejado. Afirma que foi orientada a não aplicar determinados tipos de castigos, pelo fato de suas atitudes servirem de modelo às crianças.

P2 apresenta a ressalva de que às vezes é impedida pela situação de conversar com a criança, aplicando-lhe logo um castigo de retirá-la da atividade ou deixá-la sem brincar:

*P2:* [...] às vezes, a gente tira da criança uma coisa, porque a gente tem que... é uma forma de fazer ela enxergar que ela tava errada, mas eu não acho que isso resolva. Sabe, assim, acho que muito é conversa, mas às vezes a oportunidade não favorece a gente poder fazer. Então tem hora que eu já sento, já coloco de castigo, às vezes nem pergunto se foi culpa dele ou se não foi. "– Machucou?". "– Ah, tia, me machucou". E aí vai sentar. Então, às vezes, quando já tem oportunidade com uma coisa que eu acho que é errado da minha parte eu já chego e converso: "Oh, pede desculpa e tal e tal". Então é assim que eu olho.

P3 ressalta que usa como estratégia a admiração, dizendo que essa é sua primeira postura quando uma criança age agressivamente. Nessa atitude percebemos um eco das atitudes da coordenadora que afirma trabalhar com os sentimentos da criança. Percebemos ainda uma afinação com as posturas defendidas por Erikson (1971) e Giddens (2002) quando ressaltam a importância da vergonha na construção da identidade da criança, além de evidenciar o fato de necessitarem de aceitação para que consigam construir um sentimento de segurança básica que funcione como um "escudo" nos diversos desafios colocados pelo cotidiano. P4 afirma que quando ocorre algo grave, a criança é encaminhada para a coordenação da creche e que essa é a orientação recebida, afirma ainda que foi orientada a mudar as crianças de turma e a fazer a substituição das atividades. Declara que às vezes ameaça as crianças dizendo que vai retirá-las de alguma festa. P4 percebe a indisciplina como algo situacional, corriqueiro, comum à idade, muito influenciada pelo estado emocional das crianças, e diz que a agressividade é mais constante, se relacionando mais ao modo de ser de determinada criança.

Consideramos positivo todas as educadoras reconhecerem o valor da conversa como ação diante de comportamentos agressivos, acreditando que essa atitude reflete o respeito pelas crianças como pessoas dignas de serem consideradas, que merecem explicações. Consideramos que o fato de P2 evidenciar que às vezes o contexto não lhe permite conversar novamente sugere sua insatisfação com suas condições de trabalho e o quanto é considerado negativo por ela.

### Orientações da coordenação da creche para ação diante de comportamentos agressivos

Cd foi bastante assertiva ao falar das orientações que transmite às professoras: "Conversar com a criança, mostrando que é errado agir daquela maneira, reforçando as regras de convivência coletiva e solicitando que peça desculpas ao colega". Quanto ao castigo de substituir atividades que as crianças gostam, diz que isso deveria ocorrer somente quando a criança machuca o colega e lhe provoca algum dano, e quanto ao encaminhamento da criança para a coordenação, ressalta que essa deveria ser uma atitude extrema quando a criança fez algo muito grave. Durante sua fala fez constante referência ao fato das professoras não respeitarem essas orientações e por essa razão encontrarem dificuldades no manejo da turma, terem sua autoridade enfraquecida. Afirmou que muitas professoras preferem agir de outro modo para ter menos trabalho e que não percebem o quanto isso é prejudicial para a relação com as crianças. Disse ainda que essas orientações são passadas para as professoras quando entram na creche e durante as reuniões regulares.

As respostas das professoras evidenciaram algumas contradições em relação ao que foi dito por Cd. P1, P3 e P4 falaram da proibição de aplicar castigos físicos às crianças, entretanto isso não foi comentado por Cd. P3 apresenta posições mais afinadas com Cd, afirmando que a substituição deveria ocorrer somente quando a criança faz algo grave. P1 fala que a substituição foi uma recomendação da coordenação, assim como ressalta o fato de ter sido orientada a não deixar a criança sem atividade. Novamente P2 e P4, professoras não-religiosas, trazem posições que evidenciam fragilidade na coordenação da creche. P2 afirma que as religiosas têm mais autoridades que as outras professoras, agindo inclusive sem consultar a professora da classe, fala ainda que certos castigos foram proibidos para as professoras leigas e não para as religiosas. P2 afirma ainda que não há uma orientação clara para comportamentos agressivos, que as orientações são gerais e dizem respeitos a castigos que não devem ser aplicados. P4, apesar de apresentar posições que reforçam as orientações da coordenadora (encaminhar à coordenação só em casos graves, fazer substituição de atividades), afirmou que teve orientação para mudar crianças da sala. Esse tipo de castigo foi relatado somente por ela, sendo que P2 afirmou que essa prática agora não é mais permitida as professoras leigas, mas somente as religiosas. Reforçou também a ausência de espaços coletivos para discussão de um planejamento integrado entre os turnos da manhã e da tarde. P4 evidenciou sua dificuldade quanto ao conteúdo do que conversa com as crianças, dizendo que não sabe se usa os termos corretos, indicando desse modo que não tem uma orientação clara sobre como conversar com a criança. Esse aspecto reforça nossas observações do diário de campo fortalecendo os argumentos que indicam a necessidade de maior investimento no projeto pedagógico da creche.

A fala de Cd de "culpar" as professoras por não seguirem suas orientações foi por nós percebida como uma forma de responsabilizá-las pessoalmente pela qualidade do trabalho desenvolvido, desconsiderando a importância do suporte institucional na condução desse trabalho. Por essa razão e pelos fatores apontados por P2 e P4, acreditamos que as professoras não possuem um suporte adequado para planejarem suas intervenções junto às crianças.

## Outras observações sobre a rotina da creche

Por fim gostaríamos de chamar a atenção para a restrição colocada pela creche à fala das crianças. A oportunidade de falar ocorre somente quando é a hora da novidade ou quando se explora uma história, sendo que nos outros momentos as crianças são constantemente cobradas para ficarem em silêncio. Várias músicas são ensinadas às crianças para lembrar essa restrição:

- "Manda na boquinha, manda na boquinha, já fechou, já fechou!";
- "Nossa atividade já vai começar, vamos já crianças, vamos já pensar, e a nossa boca não vai mais falar, só a cabecinha é que vai pensar!";
- "Refeitório não é lugar de conversar, no refeitório a gente tem que se calar, por isso criancinhas fechem já suas boquinhas, refeitório não é lugar de conversar!".

Entretanto, evidentemente elas arrumam modos de driblar essa restrição: presenciamos vários cochichos e mesmo "conversas" com gestos ou assovios. P4, ao falar da disciplina, diz que sua visão mudou em decorrência de sua prática, afirmando que as crianças podem trabalhar em grupo e conversar sem que isso seja considerado indisciplina; entretanto, parece que esse não é o entendimento da creche, sendo o modelo escolar tradicional uma forte referência.

Nesse último tópico da discussão, consideramos relevante relacionar a creche com as demais instituições de educação infantil brasileira.

Primeiramente vale destacar o quanto é recente em nosso país a visão de que as crianças de zero a seis anos sejam alvo de ações educativas institucionais. A Constituição de 1988 foi um marco na construção dessa concepção, ao responder às solicitações dos movimentos sociais que reivindicavam a importância de o Estado voltar sua atenção para a educação das crianças pequenas e definir a Educação Infantil como direito das crianças e dever do Estado. Com isso intensificaram-se as mudanças nas instituições destinadas a essa clientela (que até então eram da esfera da assistência social) e surgiram vários temas de interesse e investigação dedicados à construção desse novo lugar de educação.

Por essas razões reconhecemos os resultados encontrados no presente estudo realizado numa instituição com mais de quinze anos de funcionamento como bons indicadores dos avanços alcançados na área da Educação Infantil brasileira. A qualificação das educadoras, a estrutura física e o discurso do comportamento influenciado pelos fatores ambientais evidenciam os avanços de uma instituição que a princípio devia somente abrigar as crianças e suprir suas necessidades fisiológicas e de alimentação. Essas funções de cuidado são desempenhadas com maestria na creche. Verificamos o zelo com o cardápio das crianças, o fornecimento de roupas adequadas ao clima, os cuidados com a higiene do corpo, dentes e cabelos, tendo essas funções primazia na rotina da instituição.

Considerando esse cenário, as críticas feitas à forma de atuação das professoras e a ausência de um projeto pedagógico coletivo tomam uma dimensão menor e nos sinalizam a importância de localizar a creche num cenário mais amplo. Nesse sentido, destacamos que mesmo esses dois aspectos refletem esse momento de construção de uma identidade da área, pois consoante Demo (1994) e Nascimento (2001) ainda não há um modelo adequado de formação dos profissionais de educação infantil, assim como as políticas públicas de Educação Infantil brasileira, de acordo com Castro (1994) e Craidy (1994), ainda são insuficientes para garantir o acesso e a qualidade da educação infantil.

Os conhecimentos da sociologia da infância reforçam a necessidade de se criarem novas formas de organização e planejamento das instituições de Educação Infantil. É importante reservar espaço para as brincadeiras e entender o brincar como o modo da criança se organizar e organizar sua percepção do mundo conforme assinalado por Ferreira (2004) e Mead (1993), bem como de incentivar as atividades cooperativas e as tarefas autônomas reconhecendo a capacidade das crianças de organizarem suas próprias ações. Também é preciso oferecer às crianças condições para se desenvolverem conforme as características da cultura infantil, especificamente no que diz respeito a sua relação diferenciada com o tempo, suas habilidades expressivas e seu senso estético conforme apontado por Sarmento (2004) e Gouveia (2002).

No que se refere à manifestação dos comportamentos agressivos das crianças na creche, em várias ocasiões eles sinalizavam a existência de momentos que careciam de significado para as crianças (permanecer sentado e calado esperando o tempo certo para realizar determinada tarefa) e a ausência de interações educativas constante de um projeto pedagógico coletivo que auxiliassem as crianças a desenvolverem as atitudes de cooperação e autonomia.

Esses fatores não podem ser analisados fora do contexto em que ocorrem, e o entendimento de suas raízes passa pelo entendimento do modo como nossa sociedade percebe e lida com a agressividade. Reconhecemos que as formas vigentes e predominantes de ação diante desse comportamento não foram mantidas inutilmente, ou seja, tiveram alguma eficiência, mas diante da violência crescente e de um grande nível de hostilidade presente nas relações sociais cotidianas, acreditamos que esse entendimento precisa ser modificado.

Retomando as idéias de Tomás e Soares (2004) acreditamos que uma nova compreensão sobre as crianças e a infância possa ser um caminho importante de novas formas de interação entre adultos e crianças e dos adultos entre si, provocando mudanças sociais, políticas e econômicas importantes. No que se refere à agressividade, o reconhecimento da primeira infância como um período especial no desenvolvimento do sentimento de confiança básica, tão necessário nas atividades da vida adulta, seria conseqüência da consideração da criança como "cidadã" e do respeito às suas formas de agir, pensar e se expressar. Como resultado dessa mudança, teremos pais e educadores mais preparados para dar continuidade a interações de qualidade, possibilitando que a agressividade tenha seu lugar reconhecido como uma das formas de linguagem da criança e mesmo como motor para suas atividades construtivas.

## Referências

BANDURA, A.; WALTERS, R. H. *Social learning and personality development*. New York: Holt, Rinehart e Winston, 1963.

BRASIL. *Lei de Diretrizes e Bases da Educação Nacional*. Lei n. 9.394 de 23 de dezembro de 1996. Brasília.

CAMPOS, M. M. *et al. Creches e pré-escolas no Brasil*. São Paulo: Cortez, 1993.

CARVALHO, M. I. C.; RUBIANO, M. R. B. Organização do espaço em instituições pré-escolares. In: OLIVEIRA, Z. M. R. (Org.). *Educação Infantil: muitos olhares.* São Paulo: Cortez, 1994. p.107-130.

CASTRO, M. H. G. A política de educação infantil no âmbito do estado brasileiro. In: BRASIL, Ministério da Educação e do Desporto. Secretaria de Educação Fundamental. *Anais do I Simpósio Nacional de Educação Infantil.* Brasília: MEC/SEF/DPE/COEDI, 1994, p. 32-35.

CHAUÍ, M. Uma ideologia perversa. *Folha de São Paulo*, São Paulo, Caderno Mais, 14 mar. 1999.

COSTA, J. F. *Violência e Psicanálise.* 2. ed. Rio de Janeiro: Graal, 1986.

DEMO, P. A política de educação infantil no contexto da política da infância no Brasil. In: BRASIL, Ministério da Educação e do Desporto. Secretaria de Educação Fundamental. *Anais do I Simpósio Nacional de Educação Infantil.* Brasília: MEC/SEF/DPE/COEDI, 1994, p. 22-27.

DIMENSTEIN, G. A Epidemia da Violência. *Folha de São Paulo*, São Paulo, 22 set. 1996.

DOLLARD, J.; DOOB, L. W.; MILLER, N. E.; MOWRER, O. H.; SEARS, R. R. *Frustration and agression.* New Haven: Yale University Press, 1939.

ERIKSON, E. H. *Infância e sociedade.* 2. ed. Rio de Janeiro: Zahar, 1971.

FERREIRA, M. Do "avesso" do brincar ou... as relações entre os pares, as rotinas da cultura infantil e a construção da(s) ordem(ens) social(ais) instituinte(s) das crianças no jardim-de-infância. In: SARMENTO, M. J.; CERISARA, A. B. (Orgs.). *Crianças e miúdos: perspectivas sociopedagógicas da infância e educação.* Porto: Edições ASA, 2004. p. 55-104.

FREUD, S. *Três ensaios sobre a teoria da sexualidade.* v. VII. Edição Standard Brasileira das obras psicológicas completas de Sigmund Freud. Rio de Janeiro: Imago, 1969.

GIDDENS, A. *Modernidade e identidade.* Tradução de Plínio Dentzien. Rio de Janeiro: Jorge Zahar Ed., 2002.

GIDDENS, A. *Construção da sociedade*. São Paulo: Martins Fontes, 2003. p. 458

GOUVÊA, M. C. Infância, sociedade e cultura. In: CARVALHO, A.; SALLES, F.; GUIMARÃES, M. (Orgs.). *Desenvolvimento e aprendizagem*. Belo Horizonte: Ed. UFMG, 2002. p. 13-29.

HOVLAND, C. I.; SEARS, R. R. Minor studies of aggression: VI. Correlation of lynchings with economics indices. *Journal of Psychology*, 9, p. 301-310, 1940.

MACHADO, M. A. Por uma política nacional de educação infantil. In.: BRASIL, Ministério da Educação e do Desporto. Secretaria de Educação Fundamental. *Anais do I Simpósio Nacional de Educação Infantil*. Brasília: MEC/SEF/DPE/COEDI, 1994. p. 14-17.

MEAD, G. H. *Self, and society: from standpoit of a social behavionist*. Chicago, University Chicago Press, 1934

MEAD, G. H. *Mind, self and society: from the standpoint of a social behaviorist*. 18 ed. Editado por Charles W. Morris. Chicago, The University of Chicago Press, 1972.

MEAD, G. H. *Espiritu persona y sociedad: desde el punto de vista del conductismo social*. Mexico: Paidos, 1993.

NARODOWSKI, M. *La pedagogización de la infancia*. In: *Infancia y Poder – La conformación de la pedagogía moderna*. Buenos Aires: Aique, 1994. p. 109-131.

NASCIMENTO, M. E. P. Os profissionais da educação infantil e a nova lei de diretrizes e bases da educação nacional. In: FARIA, A. L. G; PALHARES, M. S. (Orgs.). *Educação Infantil Pós-LDB: rumos e desafios*. 3. ed. Campinas: Autores Associados – FE/Unicamp; São Carlos: Editora da UFSCar; Florianópolis: Editora da UFSC, 2001.

PERINE, M. *Filosofia e violência: sentido e intenção da filosofia de Eric Weil*. São Paulo: Edições Loyola, 1987.

ROSEMBERG, F. Creches domiciliares: argumentos ou falácia. *Cadernos de Pesquisa*, n. 56, p. 73-81, 1986.

ROSSETTI-FERREIRA, M. C.; AMORIM, K. S.; VITÓRIA, T. A Creche enquanto contexto possível de desenvolvimento da criança pequena. *Revista Brasileira de Crescimento e Desenvolvimento Humano*. São Paulo, v. 4, n. 2, p. 35-40, 1994.

SANTOS, M. C. C. L. Raízes da violência na criança e danos psíquicos. In: WESTPHAL, M. F. (Org.). *Violência e criança*. São Paulo: Edusp, 2002. p. 189-204.

SARMENTO, M. J. As Culturas da Infância nas Encruzilhadas da Segunda Modernidade. In: SARMENTO, M. J.; CERISARA, A. B. (Orgs.). *Crianças e miúdos: perspectivas sociopedagógicas da infância e educação*. Porto: Edições ASA, 2004.

SASS, O. *Crítica da razão solitária: a psicologia social segundo George Mead*. Bragança Paulista: Editora Universitária São Francisco, 2004.

SPÓSITO, M. A. Instituição Escolar e a Violência. *Cadernos de Pesquisa*. São Paulo, n. 104, p. 58-73, 1998.

SOARES, N. F; TOMÁS, C. Da emergência e participação à necessidade de consolidação da cidadania da infância... Os intricados trilhos da acção, da participação e do protagonismo social e político das crianças. In: SARMENTO, M. J.; CERISARA, A. B. (Orgs.). *Crianças e miúdos: perspectivas sociopedagógicas da infância e educação*. Porto: Edições ASA, 2004. p. 135-162.

WINNICOTT, D. W. Agressão. In.: *Privação e delinqüência*. 2. ed. Rio de Janeiro: Martins Fontes, 1994.

WINNICOTT, D. W. Alguns aspectos psicológicos da delinqüência juvenil. In: *Privação e delinqüência*. 2. ed. Rio de Janeiro: Martins Fontes, 1994.

WINNICOTT, D. W. A tendência anti-social. In: *Privação e delinqüência*. 2. ed. Rio de Janeiro: Martins Fontes, 1994.

WINNICOTT, D. W. De novo em casa. In: *Privação e delinqüência*. 2. ed. Rio de Janeiro: Martins Fontes, 1994.

WINNICOTT, D. W. Raízes da agressão. In: *Privação e delinqüência*. 2. ed. Rio de Janeiro: Martins Fontes, 1994.

# Pensar a constituição da carreira criminosa. Um diálogo entre a Sociologia e a Educação[1]

*Almir de Oliveira Júnior*

> *Que violências se escondem na própria ação educativa? E que violências a envolvem o tempo todo, dificultando-a ainda mais? Fala-se constantemente de diálogo, mas nosso meio humano parece ter imensas dificuldades de dialogar; todavia, não será o diálogo [...] a via de minimização da violência atual?*
>
> Regis Morais

Tanto quando se pensa a constituição da carreira criminosa de acordo com as teorias sociológicas, ou se reflete sobre os desafios da educação, adotam-se perspectivas que, em tese, dizem respeito aos mesmos sujeitos e ao mesmo fenômeno: a socialização. Mas apesar da grande maioria das teorias sociológicas do crime estar centrada em reflexões tangentes ao comportamento e desenvolvimento da criança e do adolescente, tais teorias não são geralmente apropriadas pelos profissionais que trabalham especificamente

---

[1] Agradecimentos ao professor Gilmar Rocha, pelo incentivo e pelas críticas feitas à primeira versão do artigo.

com a educação. Pouca atenção é dada ao fato de tratar-se de teorias sobre estratégias reflexivas de indivíduos em idade escolar. Este texto tem por objetivo introduzir algumas das principais teorias do crime na tradição sociológica e, a partir delas, indicar alguns pontos que envolvem o papel socializador da escola.

A educação é um tipo especial de socialização, entendida como processo de desenvolvimento de habilidades, que leva os indivíduos a atuarem no meio em que vivem de forma cada vez mais consciente. Socialização, assim entendida, não significa a determinação do comportamento do sujeito a partir da sociedade em que vive. O educador vive uma experiência dialética com seus alunos. Inevitavelmente, faz parte da constituição do caminho traçado por aqueles, ao influenciar e ser influenciado em sua história pelas interações, diálogos, crises e conflitos engendrados no espaço escolar. Levando isso em conta, é impossível ignorar a grande relevância da proximidade, nos dias atuais, entre o mundo do crime, da violência, e a escola. Todo educador precisa tomar esse problema como parte de suas reflexões e ação. Como enfatizado por Regis Morais, querer omitir-se já constitui, por si só, um tipo de violência:

> Como podemos destacar – e já antes havíamos lembrado – mesmo as melhores intenções podem conduzir a ação educativa para um tipo pouco estudado de violência: a violência das omissões. Repetimos também: o educador, equilibradamente, tem que intervir em vidas, porque a educação – já se disse – pode ser tudo, menos a negação de si mesma. (MORAIS,1995, p. 51)

Com intenção de fomentar mais a discussão sobre as causas do comportamento criminoso, o texto faz um sobrevôo sobre as teorias do crime, que vai da sociologia clássica à contemporânea. Émile Durkheim, considerado um dos fundadores da sociologia, pensou a questão do comportamento criminoso como o resultado de uma socialização deficiente. Ele pensou a socialização como transmissão de valores e maneiras coletivas de pensar aos mais jovens. Esses fatores seriam os responsáveis por gerar conformismo entre crianças e adolescentes que, ao se tornarem adultos, passariam a ser os responsáveis pela reprodução da sociedade. Com críticas a uma perspectiva tão determinista, Robert Merton percebeu que a sociedade pode apresentar certas contradições estruturais. Esse problema levaria alguns a buscarem o crime como forma alternativa de vida. Já Edwin Sutherland explorou o fato de que o crime, assim como qualquer outra atividade humana inteligente, exige identificação e aprendizado. Depois desses autores, a sociologia desenvolveu um grande número de perspectivas para tentar explicar o comportamento criminoso. Dentre elas, a teoria das subculturas desviantes, dos rótulos e do controle social.

## Teorias sociológicas do crime

É convencional dizer que a sociologia do crime[2] tem início com Émile Durkheim (COLLINS, 1982, p. 86; HEALEY, 2001, p. 330). A inovação de Durkheim na área se dá

---

[2] Na verdade, a sociologia do crime é geralmente voltada para compreensão do desenvolvimento do comportamento violento, anti-social. Ou seja, busca estudar as condições que levam indivíduos a atuarem violando as expectativas médias referentes a uma conduta socialmente aceita. Nesse sentido, é claro que o termo merece críticas: nem todo comportamento desviante é considerado criminoso, enquanto alguns tipos de crime, como a corrupção, por exemplo, tendem a ser analisados meramente como conduta racional. De forma propositada, no decorrer do texto se dará preferência algumas vezes à utilização do termo desvio em vez de crime.

ao introduzir a idéia de crime como componente "normal" da estrutura das sociedades. Em um período em que a prática de crimes era geralmente associada a patologias individuais (LOMBROSO; FERRREIRO, 1893), o que leva necessariamente a concepções preconceituosas a respeito dos agentes criminosos (CERQUEIRA; LOBÃO, 2003, p. 5), Durkheim alertou sobre a ingenuidade de esperarmos encontrar uma sociedade totalmente isenta do crime. A manutenção de códigos que prevêem punição frente a determinados atos ofensivos aos valores morais de uma coletividade dada é condição universal de existência da ordem social. Nas sociedades primitivas, tais códigos eram sustentados em bases religiosas. Diziam respeito a um grande conjunto de comportamentos, pois eram sociedades com uma consciência coletiva muito rígida, compacta, que dava pouco espaço para expressões individuais que se afastassem do padrão esperado pelo grupo. Nas sociedades modernas ocidentais, os códigos penais são menos rígidos e englobam um número de comportamentos relativamente menor que as sociedades tradicionais, uma vez que a consciência coletiva é mais fragmentada, dotada de menor poder coercitivo devido ao fenômeno do individualismo moderno (DURKHEIM, 1989; 1995). De qualquer forma, uma determinada taxa de ocorrência de crimes é fator funcional da sociedade, desde que não alcance um nível exacerbado (ou seja, muito acima das taxas apresentadas por outras sociedades com características semelhantes). A partir da aplicação da norma punitiva, é demonstrado a todos que a ordem social está viva e atuante (1990).

No entanto, avaliando o crime estritamente de acordo com a teoria de Durkheim, têm-se poucos elementos para se pensar *os sujeitos* envolvidos na prática de delitos. O crime é uma faceta da ordem social e por esse ponto de vista apenas dois modelos estão disponíveis para qualificar aquele que transgride as regras sociais: a) trata-se de alguém que passou por um processo de socialização deficiente;[3] b) ou do revolucionário: o visionário que, entendendo as bases para criação de novos valores na sociedade, sacrifica seu ajustamento social de acordo com os parâmetros então vigentes para superá-los na prática.[4]

Um ponto relevante é que, em sua sociologia da educação, Durkheim explorou amplamente o papel da escola como aparato utilizado para introjetar nos indivíduos os valores culturais vigentes na sociedade, impedindo tanto a socialização deficiente, que geraria *egoísmo*,[5] quanto o ímpeto revolucionário dos espíritos mais criativos. A escola cumpriria, portanto, o papel de principal reprodutora da estrutura social nos dias atuais, tanto ao punir comportamentos pré e anti-sociais das crianças e adolescentes, quanto ao estimular e exigir atitudes conformadas com as expectativas da sociedade adulta (DURKHEIM, 1952).

Também foi Durkheim que introduziu na sociologia a discussão sobre o tema da *anomia*. Dessa forma, abriu caminho para o estudo da relação entre estrutura social e crime dentro da teoria funcionalista. O termo designa um

---

[3] Concepção que exerce muita influência, por exemplo, nos programas de "*ressocialização*" para adolescentes que cometeram atos infracionais.

[4] Nesse segundo tipo de classificação estariam figuras tão díspares quanto Sócrates e Jesus Cristo.

[5] "Egoísmo" para Durkheim tem uma conotação bem diferente que a vigente no senso comum. Para ele, o termo não define uma característica negativa desenvolvida no caráter de uma pessoa, pois o utiliza para expressar um estilo de socialização na qual valoriza-se mais a consciência individual que a coletiva. Assim, Durkheim afirmou que protestantes se suicidavam mais que católicos, uma vez que tinham mais liberdade de pensamento e autonomia de expressão, o que dava maior impulso para ocorrência de suicídios "egoístas" (DURKHEIM, 1996).

estado contrário ao da ordem social. Uma sociedade em estado de anomia seria aquela incapaz de fornecer códigos compartilhados suficientes para sustentar redes de comportamento previsíveis e, portanto, a própria racionalidade da vida social (DURKHEIM, 1995; 1996).

A anomia pode ser pensada como algo capaz de se expressar com maior facilidade na esfera do mercado, onde a busca do lucro pode provocar um estado de "egoísmo" (emancipação da parte em relação ao todo), desencadeando certa perda de parâmetros externos. Ao criticar e aperfeiçoar essa teoria, Robert Merton preocupou-se com a relação entre os objetivos culturalmente estabelecidos e os meios institucionais disponíveis para alcançá-los. De acordo com sua perspectiva, a anomia se refere à situação em que ocorre desequilíbrio, ou tensão,[6] na relação entre esses dois níveis estruturais da sociedade: "Quando a importância cultural passa das satisfações derivadas da própria competência a um interesse quase exclusivo pelo resultado, a tendência resultante leva à destruição da estrutura reguladora" (MERTON, 1972, p. 166, tradução do autor).

De acordo com Merton, infringir as regras pode ser visto como normal, desde que constitua uma reação esperada às condições esperadas pelas estruturas sociais e culturais, que informam os indivíduos sobre sua ação e influenciam o seu comportamento. As pessoas realizam escolhas dentro de um leque de alternativas socialmente delimitadas. Ou seja, as metas perseguidas são objetos sociais, bem como os meios disponíveis para alcançá-las.

---

[6] Em inglês, a teoria da anomia (*anomie theory*) também recebe o nome de *structural strain theory*, ou seja, teoria da "tensão estrutural" (AGNEW, 1999; BROIDY, 2001).

Traduzindo a teoria em termos mais claros, a pobreza não seria um fator relevante na produção das taxas de criminalidade, mas sim a desigualdade. A motivação para delinqüência decorria não da carência material, mas da impossibilidade de alcançar os objetivos desejados e, o que é mais importante, incentivados culturalmente. Através dos meios de comunicação populares, como a televisão, independentemente da classe social, os indivíduos são estimulados a alcançar altos níveis de sucesso pessoal e consumo de bens materiais. Mas a mesma sociedade que incentiva esse consumismo e, além disso, tende a classificar as pessoas de acordo com os símbolos de *status* que ostentam, não disponibiliza na prática os meios necessários para a consecução de um alto nível de vida material para todos, apesar de fazê-lo no plano ideológico. Inclusive a ampla divulgação da idéia da sociedade capitalista como meritocrática levou a escola a ocupar um lugar fundamental na legitimação do sistema. Aparece muitas vezes como uma espécie de solução para todos os males: aqueles indivíduos que "se esforçam" teriam, através da escola, chances de ascensão social. Esperança que, uma vez amplamente difundida com a universalização da política educacional, acaba por minimizar o confronto entre as classes sociais ao assimilar ideologicamente membros das classes menos privilegiadas.

Talvez a grande vantagem da teoria de Merton em relação à de Durkheim seja o fato de possibilitar pensarmos as contradições estruturais da sociedade. Enquanto Durkheim sempre definiu a sociedade como uma espécie de "todo coerente", Merton chama a atenção para os possíveis efeitos perversos do resultado agregado de ações que até mesmo seriam planejadas para construção do bem comum. Um exemplo claro está nos investimentos em educação. Governos podem endereçar altas somas à construção de escolas para diminuir taxas de analfabetismo e aumentar o nível médio de escolaridade da população. No entanto, caso tais investimentos não sejam acompanhados de forma similar por um aumento e modernização da economia, de modo a aumentar a oferta de vagas no mercado de trabalho, o resultado pode ser um maior nível de descontentamento. Ao terminarem seus estudos, nos quais gastaram tempo e dinheiro, e não conseguirem um cargo com a renda e *status* esperados, os indivíduos podem avaliar o sistema como irracional e injusto. Isso abre espaço para busca de formas alternativas de alcançar os objetivos almejados, inclusive práticas criminosas que passam a cumprir funções que as instituições consideradas legítimas não conseguem manter. Isso joga por terra a idéia de senso comum, inclusive bastante preconceituosa, de que crimes tendem a ser cometidos por pessoas com pouca instrução formal:

> Em outras palavras, o que acontece quanto jogar de acordo com as regras e seguir os caminhos legítimos não resulta em sucesso? [...] sob tal condição, pessoas inovam com novas maneiras para alcançá-lo e algumas dessas maneiras são desviantes ou ilegais. (HEALEY, 2000, p. 332-333, tradução livre)

Há outra forma de ilustrar que um alto nível de informação pode até ter um efeito contrário ao que normalmente se pensa. Pensando-se na expansão dos ideais democráticos: Se, em um nível formal, todos têm direitos iguais em uma sociedade democrática, a forma como ocorre a distribuição real daqueles pode indicar que na verdade existem duas classes de cidadania. A consciência em relação a essa contradição aumenta, obviamente, com a escolaridade, ao mesmo tempo em que a descrença com relação ao funcionamento das instituições políticas e de justiça pode levar à busca de objetivos culturalmente plausíveis por outras vias, inclusive pelo uso da força (PAIXÃO, 1988). Por esse prisma, problematiza-se mais a tese de Durkheim sobre a capacidade que a escola teria de formar indivíduos "ajustados" socialmente.

Outra teoria fundamental do comportamento desviante foi formulada por Edwin Sutherland. Trata-se da teoria da associação diferencial, que não chega a ser contraditória com a teoria de Merton, podendo até mesmo ser pensada como complementar àquela, por também se afastar do ponto de vista ortodoxo do funcionalismo clássico de Durkheim. O ponto básico para Sutherland é que o comportamento desviante ou o comportamento criminoso tem que ser aprendido. Não basta meramente se estar disposto a praticar atos que agridam os outros, seja física ou moralmente. Assaltar um transeunte, vender cocaína, fumar maconha ou assaltar um banco, assim como quaisquer outras atividades que demandam certa técnica, são ações que exigem aprendizado. Através da interação com pares se aprende sobre práticas ilícitas, da mesma forma que se aprende sobre religião, etiqueta ou trabalho com amigos e membros da família. Por "pares" pode se entender aqueles que são emocionalmente próximos. De acordo com a teoria da associação diferencial, são eles os mais influentes entre os vários agentes que participam da socialização de um indivíduo (SUTHERLAND; CRESSY, 1978).

Através de relacionamentos próximos, as pessoas aprendem: técnicas criminosas (como "puxar" um automóvel), as condições através das quais uma identidade negativa é apropriada ("insultos à honra devem ser severamente vingados"), além de uma série de racionalizações ("não há mal em roubar algo que ninguém utiliza ou de alguém que tem demais"). A associação diferencial diz respeito à freqüência e intensidade da exposição a atitudes, crenças e valores que tornam mais provável a atuação em práticas criminosas a partir de relacionamentos pessoais.

Combinando as duas teorias, a da anomia de Merton e a da associação diferencial de Sutherland, entende-se a adolescência como um período crítico. Trata-se de uma etapa de desenvolvimento em que geralmente ocorrem sérios problemas de identificação com os agentes socializadores adultos. De acordo com Erik Erikson, é o momento da vida em que se enfrenta o desafio da *adoção* ou *difusão* de identidade: se o adolescente consegue estabelecer relações gratificantes, ou seja, que lhe proporcionem uma determinada quantidade de sucesso que possibilite que veja a si mesmo como alguém com qualidades e habilidades positivas, então provavelmente desenvolverá uma identidade estável. Caso contrário, ou seja, se não for apoiado por seus relacionamentos e seus fracassos pessoais acabarem sendo salientados, o adolescente experimentará instabilidade ou difusão no seu sentido de quem verdadeiramente é (ERIKSON, 1968). Isso abre espaço para que, frente às pressões para entrar no mundo adulto e à sede de *status* que lhe é imposta pela cultura, acabe por sentir certo conforto junto a grupos que buscam meios alternativos para enfrentar essas questões.[7] Daí a possibilidade de aprendizagem dentro de uma carreira criminosa.

As idéias contidas nas teorias da anomia e da associação diferencial foram apropriadas e combinadas de formas variadas por outros sociólogos. Alguns argumentam que grupos que são excluídos dos meios considerados

---

[7] Na escola também é comum se unir adolescentes de níveis socioeconômicos diferenciados, ou mesmo provenientes de turmas rivais (as "galeras"). Isso leva a um reforço das práticas que reafirmam a identidade dos grupos, dentre as quais algumas que podem ser agressivas ou mesmo criminosas, como pichações e brigas.

legítimos de obter sucesso são especialmente propensos a desenvolver normas desviantes ou mesmo pró-criminais que podem se desenvolver em *subculturas* desviantes. Pessoas que vivem em contato próximo com grupos portadores dessas subculturas podem tomar para si muitas racionalizações e pontos de vista que favorecem a entrada no mundo da delinqüência. Nestes grupos, de acordo com sua própria lógica, caminhos ilegais para obtenção de reconhecimento e bens materiais funcionam da mesma forma que os meios legais difundidos na cultura dominante, ou seja, da sociedade maior dentro da qual a subcultura se desenvolve. Segundo Cloward e Ohlin, da mesma maneira que não basta a vontade de ser médico ou professor para explicar como alguém se tornou um profissional nessas áreas, não basta um indivíduo decidir se tornar um assaltante e agir dessa forma para ser um assaltante. Existem várias coisas entre a vontade de se tornar um criminoso e a realização desse objetivo. Papéis, sejam conformistas ou desviantes, não estariam disponíveis livremente. Além da escolha do próprio indivíduo, isso depende do acesso a um grupo que, nos moldes de sua própria cultura, socialize o indivíduo de acordo com comportamentos violentos e incentive o empreendimento criminoso, elementos aceitáveis de acordo com os valores vigentes no meio de tal coletividade (CLOWARD; OHLIN, 1960).

Howard Becker trabalhou com a teoria dos rótulos. Como já citado anteriormente, é óbvio que práticas desviantes envolvem necessariamente aprendizagem. Por exemplo, para se tornar um usuário de maconha, o indivíduo tem que aprender a: (1) tragar o cigarro de maconha, (2) reconhecer os efeitos que o mesmo tem em suas sensações, (3) gostar desses efeitos (BECKER, 1953). Porém, além de aprendizado, que se dá pela identificação com pares que cometem desvios ou pela imersão em uma determinada subcultura, os estereótipos com os quais os indivíduos são identificados por outros agentes, principalmente aqueles dotados de maior poder, constituem fator de pressão importante para inserção no mundo do crime. Como a adolescência é uma fase na qual a busca de novas experiências é normalmente uma constante, o indivíduo pode acabar por se envolver, uma vez ou outra, em certos atos ilícitos simplesmente pela possibilidade de provar aquilo que é "diferente". No entanto, o ato de ser descoberto em flagrante pode levar ao recebimento de um rótulo ou estigma, que em si é desinibidor moral para entrada em uma carreira criminosa. Ou seja, preservar uma boa imagem deixa de ser um dos estímulos para se evitar a prática de crimes (BECKER, 1953). A escola mais uma vez é lugar estratégico, pois se trata do espaço onde o indivíduo começa sua vida pública. Assim, é sensivelmente onde os efeitos de uma rotulação pública se fará sentir de uma forma mais acentuada.

  Existem ainda os teóricos que buscam entender a questão do crime por outro prisma. De acordo com essa abordagem alternativa, não se tenta entender a razão pela qual alguns indivíduos decidem pela prática de delitos, mas responder às seguintes perguntas: Apesar de ser um recurso disponível a todos, por que a maioria das pessoas se abstém de cometer crimes? Por que a maioria das pessoas decide obedecer a normas e leis, pelo menos a maior parte do tempo? Esse é o problema da teoria do controle social. O que limita o comportamento das pessoas, mantendo-as, muitas vezes, até mesmo à parte daquilo que desejam? A escola, além da família, seria um fator fundamental, pois significa uma ligação entre o indivíduo e a sociedade. Se esta ligação é saudável, o adolescente sente que terá muito a perder caso venha a cometer um ato criminoso, pois correrá o risco de perder seus elos com os colegas e professores. Uma vez tendo uma experiência proveitosa ao participar dos acordos sociais que organizavam sua vida na escola, terá grande possibilidade de também apresentar um comportamento conformista quando adulto, mas agora pelo investimento no mundo do trabalho (HEALEY, 2000, p. 336-338).

## Considerações finais

Nas políticas públicas, trabalha-se a conexão, mesmo que muitas vezes de uma forma bastante vaga, entre a prevenção ao crime e a educação. A idéia de que a educação formal consiste em variável que diminui as taxas de criminalidade é lugar comum. Porém, é necessária uma reflexão mais sistemática sobre a relação entre, por um lado, aquilo que se sabe sobre as condições sociais da produção do comportamento criminoso e, por outro, as teorias que orientam a prática dos profissionais que trabalham nas escolas. Esse é o caminho que poderá levar a um novo patamar de conhecimento sobre o processo de socialização, eixo fundamental da produção e reprodução da vida social.

Avaliando as teorias sociológicas do crime, deve-se tomá-las basicamente como formas de explicar o desenvolvimento do adolescente como um *agente* da vida social na qual está inserido. A partir dessa simples afirmação, pretende-se afastar aqui a visão funcionalista da socialização. Dentro de tal perspectiva, o adolescente – seja um bem sucedido estudante, apto a passar nos melhores vestibulares, ou alguém que esteja cumprindo medidas socioeducativas por ter cometido vários atos infracionais – é visto como "fruto" ou "resultado" da sociedade ou da classe social da qual faz parte. A idéia básica é que, no nível individual, as mazelas ou acertos da estrutura social são reproduzidas. Nesse sentido a socialização é vista como uma ação sofrida pelo adolescente, vinda de fora. Pretende-se rechaçar esta concepção.

Como assinalou Max Weber de forma muito clara, o estudo da sociologia é voltado para os sentidos atribuídos pelos agentes às suas ações (WEBER, 1994). Dessa forma, a elaboração da teoria sociológica se dá na tentativa de reconstrução da *experiência* dos atores individuais. Weber define a sociologia como uma ciência compreensiva, o que permite ao sociólogo recorrer a métodos empáticos utilizados para captar o sentido cultural que orienta e explica a ação social. O fato de o sociólogo estar inserido na cultura, parte fundamental de seu próprio objeto de estudo, não torna a sociologia ineficaz no diz respeito à construção da objetividade (WEBER, 1982). Pelo contrário, é um recurso adicional a ser utilizado no trabalho científico:

> O método interpretativo é necessário porque as pessoas *experimentam* a vida: elas não *reagem* simplesmente de uma forma mecânica. Na medida em que *experimentam* a vida, buscam encontrar o seu significado. E, justamente por que esse significado é subjetivo, o método de descobri-lo também deve ser, por sua vez, necessariamente subjetivo. (ALEXANDER, 1987, p. 301, tradução livre)

Portanto, uma teoria sociológica do crime não pode tratar o ator que o pratica como simples "objeto". Um adolescente em uma sala de aula não é um receptáculo passivo dos conhecimentos ministrados pelo professor, ou seja, mero reprodutor das habilidades que lhe são passadas. Nesse mesmo sentido, quem adere a uma gangue ou pratica um furto também não é uma "folha em branco" que passa a ser redigida pelas pressões da sociedade. Uma boa teoria sobre o comportamento e o desenvolvimento infanto-juvenil deve levar em consideração os tipos de situações às quais crianças e adolescentes estão expostos e analisar, do ponto de vista reflexivo, quais respostas tendem a desenvolver a partir de cada contexto sociocultural. Até mesmo o comportamento violento, a não ser no caso de distúrbios psíquicos mais graves, é reflexivo:

> a agressividade básica está na raiz do chamado instinto de sobrevivência, que demove o animal a buscar alimento, água, segurança. Tal agressividade é algo resultante da memória biológica, de *instintos* propriamente animais. Já o conceito de violência implica intencionalidade, o que exige inteligência. (MORAIS, 1995, p. 20)

Deve-se entender o drama do comportamento anti-social e violento focalizando as tensões e dilemas vividos pelas crianças e adolescentes, buscando-se colocar em seu lugar para tentar compreender como tais experiências são vividas subjetivamente, tomando-os como agentes que tomam decisões e não como meros elementos sujeitos às pressões externas. É a partir disso que se abre caminho para a comunicação e intervenção educativa eficazes, seja na escola ou em qualquer outro ambiente socializador. Por outro lado, vê-los como simples vítimas do mundo adulto impede tratá-los como membros ativos da sociedade e co-participantes da construção de sua própria trajetória.

# Referências

AGNEW, R. A general strain theory of community differences in crime rates. *Journal of research in crime and delinquency*, v. 36, n.2, 1999, p.123-155.

AKERS, R. Is differential association/social learning cultural deviance theory?. *Criminology*, v. 34, n. 2, 1996, p. 229-247.

ALEXANDER, J. *Twenty lectures: sociological theory since world war II*. New York: Columbia University Press, 1987.

BECKER, H. *Outsiders: studies in the sociology of deviance*. New York: Macmillan, SD, p.1-58.

BECKER, H. Becoming a marihuana user. *The American Journal of Sociology*, v. 59, n. 3, 1953, p. 235-242.

BECKER, H. *Uma teoria da ação coletiva*. São Paulo: Zahar, 1977.

BOTTON, A. *Desejo de status*. Rio de Janeiro: Rocco, 2005.

BROIDY, L. A test of general strain theory. *Criminology*, 2001.

CERQUEIRA, D.; LOBÃO, W. Determinantes da criminalidade: uma resenha dos modelos teóricos e resultados empíricos. *Texto para Discussão*, n. 956 (IPEA), jun/2003.

CLOWARD, R.; OHLIN, L. *Delinquency and opportunity: a theory of delinquency gangs*. Glencoe: Free Press, 1960.

COLLINS, R. *Sociological insight – an introduction to nonobvious sociology*. New York/Oxford: Oxford University Press, 1982.

DUBAR, C. *Socialização – construção das identidades sociais e profissionais*. São Paulo: Martins Fontes, 2005.

DURKHEIM, É. *As formas elementares da vida religiosa*. São Paulo: Paulinas, 1989.

DURKHEIM, É. *As regras do método sociológico*. São Paulo: Companhia Editora Nacional, 1990.

DURKHEIM, É. *Da divisão social do trabalho*. São Paulo: Martins Fontes, 1995.

DURKHEIM, É. *Educação e sociologia*. São Paulo: Melhoramentos, 1952.

DURKHEIM, É. *O suicídio*. Lisboa: Editorial Presença, 1996.

ERIKSON, E. *Identity, youth an crisis*. London: Faber & Faber, 1968.

HEALEY, J. F. Crime and punishment: Can crime be controlled? In: BRADSHAW, Y. *Sociology for a new century*. Thousand Oaks: Pine Forge Press, 2001.

JANG, S. Age-varying effects of family, school, and peers on delinquency: a multilevel modeling test of interactional theory. *Criminology*, v. 37, n. 3, 1999, p. 643-685.

LEMERT, E. M. Estructura social, control social y desviación In: *Anomia y conducta desviada*. Buenos Aires: Paidos, SD.

LOMBROSO, C.; FERREIRO, G. *La donna delinquente: la prostituta e la donna normale*. Torino: Roux & C., 1893.

MAGALHÃES, C. A. T. *Crime, sociologia e políticas públicas*. 1996. Dissertação. (Mestrado em Sociologia) – Universidade Federal de Minas Gerais, Belo Horizonte, 1996.

MATSUEDA, R. Reflected appraisals, parental labeling, and delinquency: specifying a symbolic interactionist theory. *American journal of sociology*. v. 97, n. 6, 1992, p.1577-1611.

MATSUEDA R.; ANDERSON, K. The dynamics of delinquent peers and delinquent behavior. *Criminology*, v. 36, n. 2, 1998, p. 269-306.

MATSUEDA R.; HEIMER, K. Role-taking, role commitment, and delinquency: a theory of differential social control. *American sociological review*, v. 59, 1994, p. 365-390.

MERTON, R. Estructura social y anomia. In: *Teoria y estructura sociales*. Ciudad del Mexico: Fondo de Cultura Economica, 1972. p. 168-195.

MOFFITT, T. Adolescent-limited and life-course-persistent antisocial behavior: a developmental taxonomy. *Psychological review*, v. 100, n. 4, 1993, p. 674-701.

MORAIS, R. *Violência e educação*. Campinas: Papirus, 1995.

PAIXÃO, A. L. Crime, controle social e consolidação da democracia In: REIS; O'DONNELL (Orgs.). *A democracia no Brasil: dilemas e perspectivas*. São Paulo: Vértice, 1988.

SHORT, J. F. Pandillaje y anomie In: *Anomia y conducta desviada*. Buenos Aires: Paidos, SD.

SUTHERLAND, E.; CRESSY, D. *Criminology*. Philadelphia: Lippincott, 1978.

WEBER, M. A "objetividade" do conhecimento nas ciências sociais. In: COHN, G. (Org.). *Weber: sociologia*. São Paulo: Ática, 1982

WEBER, M. Conceitos sociológicos fundamentais. In: *Teoria e sociedade*. Brasília: UNB, 1994.

WELSH *et al*. School disorder: the influence of individual, institutional, and community factors. *Criminology*, v. 37, n. 1, 1999.

# Zoação e processos de escolarização juvenil

*Paulo Henrique Nogueira*
*Luiz Alberto Oliveira Gonçalves*

O presente texto condensa resultados de uma pesquisa realizada em ambiente escolar, retratando cenas e episódios em sala de aula ou em outros espaços escolares, protagonizados por estudantes e professores das séries finais do Ensino Fundamental. Dito de outra forma, este artigo analisa dados relativos à observação das interações de estudantes que terminavam um percurso em sua escolaridade, o que tornou possível uma avaliação do caminho já percorrido por eles em comparação com os novos projetos que se lhes apresentavam. Tal avaliação, entretanto, pressupunha algum nível de tensão.

Diante da tensão entre o já vivido e o que ainda está por vir, buscou-se acompanhar a inserção daqueles jovens nas dinâmicas escolares enquanto estudantes. Foi, nesse contexto, que emergiu uma outra tensão permanente, mas nem sempre visível, na qual se confrontam duas situações. De um lado, concentram-se as expectativas que os jovens têm da escola enquanto instituição responsável por sua socialização e aprendizagem, e, do outro, acumulam-se questões acerca de como, em suas interações, esses mesmos jovens, (re)significam essa instituição, fazendo dela um ambiente no qual se produzem "sociações" que redefinem o próprio valor da escolarização.

Assim, no presente texto, buscar-se-á desvendar a dinâmica tensionada entre socialização e "sociação". Ambos são processos importantes, na constituição da vida social, tal como foram, respectivamente postulados por dois célebres construtores das teorias sociológicas, ainda no século XIX. O primeiro processo (socialização), vinculado à Sociologia de Émile Durkheim, refere-se à interiorização, por parte das crianças e dos jovens, de regras sociais que funciona como uma estratégia que os ajuda a permanecerem identificados aos valores significativos e prescritos das instituições (família, escola...). Já o segundo processo (sociação), cunhado por Georg Simmel, acentua não a integração dos jovens, mas o distanciamento que tomam em relação aos papéis sociais (de filho, de discente...). Na Sociologia de Simmel, os jovens encetariam uma outra estratégia, já não mais baseada na internalização das regras e, sim, em sua interiorização negociada pelo *self* (o eu subjetivo). Este daria uma outra feição[1] (modalizaria) às regras, deixando transparecer uma identidade juvenil que não se confundiria mais com os papéis sociais, no nosso caso específico, não se confundiria com a identidade discente.

Ainda que os dois conceitos tenham sido postulados em teorias diferentes, sociólogos contemporâneos tendem a considerá-los como gradientes distintivos do processo constitutivo do mundo social. Ou seja, eles não precisam

---

[1] Em geral, os estudiosos usam o termo modalizar para expressar esse processo, justamente para acentuar o que ele significa no campo da linguagem, a saber: é a marca do falante (do sujeito). É com ela que indivíduo falante assinala seu enunciado, a fim de indicar sua relação com o conteúdo do enunciado.

ser tratados separadamente, conforme assinala François Dubet (1996) em sua célebre *Sociologia da Experiência*. Para esse autor, socialização (integração) e sociação (diferenciação e distanciamento) representam lógicas de ação que os sujeitos utilizam em sua vida cotidiana.

Foi assim que se buscou investigar, na dinâmica da interação de estudantes de ensino fundamental em sua fase final, como esses jovens vivem, por um lado, a tensão entre a interiorização de regras sociais que os identificam aos valores significativos e prescritos pela escolarização, legitimados pela escola e, conseqüentemente, pelos seus professores. E como, por outro lado, eles experimentam o distanciamento dessas mesmas regras, a ponto de poderem (re)significá-las em uma outra direção que não a da exclusiva identidade discente.

Dentre os diferentes fenômenos observados na dinâmica da interação entre os próprios estudantes e entre estes e seus professores, identificou-se um que, a nosso ver, explicitava essa condição paradoxal posta pela articulação entre as duas identidades que se combinavam produzindo, ao mesmo tempo, a conservação dos objetivos propostos pela escola e sua (re)significação pelos jovens ao orientarem suas ações no âmbito escolar. O fenômeno que combina socialização e sociação é o da *zoação*.

Apenas para ilustrar, basta lembrar que, no contexto semântico brasileiro, o verbo zoar, do qual deriva a palavra que recobre uma série de episódios e situações no ambiente escolar agrega um conjunto de ações bastante freqüentes entre os jovens. Segundo Houaiss, no termo zoar encontram-se situações em que se "faz grande ruído", mas significa também o troçar, o rir de alguém, o fazer brincadeira por divertimento, caçoar, gozar e ainda, o ocupar-se de maneira prazerosa.

Diferentemente da indisciplina e da violência em meio escolar, a zoação está presente na sala de aula e em todos os outros espaços escolares. É um importante componente na interação dos diversos atores na escola. Por meio dela, é possível desvendar inúmeros elementos que compõem a cena escolar, com tudo o que lhe diz respeito: o texto que cada ator interpreta, o papel que lhes cabe na trama, o enredo, a entonação da voz, as peripécias dos gestos, o vocabulário específico, os afetos e os desafetos, os planos de iluminação e as áreas de obscuridade, e os personagens que cada um inventa para si com intuito de representar o próprio *self*.

Para analisar a zoação no processo escolar, foi utilizada a teoria Erving Goffman, mais especificamente sua obra *Frame Analysis* sobre a qual falaremos brevemente a seguir.

## Interação como enquadre

Goffman, importante sociólogo canadense, é freqüentemente associado ao interacionismo simbólico[2], do qual é considerado um dos principais herdeiros. Seu pensamento exerceu (e ainda exerce) enorme influência no campo da produção sociológica e da lingüística aplicada, em diferentes partes do mundo, sobretudo a partir da segunda metade do século XX. Como destaca um de seus seguidores, Goffman:

---

[2] O conceito de interação simbólica teve a sua origem remota na psicologia de William James. Os principais interacionistas na tradição original foram Charles Cooley, John Dewey, I. A. Thomas e George Herbert Mead. Antes da publicação final das idéias de Mead sobre comunicação, a perspectiva interacionista foi principalmente animada e sustentada através da transmissão oral, especialmente nas aulas de Mead. Embora Mead não tivesse publicado suas idéias em vida, ele é considerado o grande instigador do interacionismo simbólico. (CyberCultura e Democracia on line. Acesso em: 16 mar. 2008)

[...] afastando-se declaradamente das preocupações teóricas de sua época em torno de exaustivas análises macrossociais chamou a atenção para a necessidade premente de investigar interações face-a-face. Segundo ele, os fenômenos sociais manifestam suas relações entre indivíduos, em encontros sociais que representam em sua essência interacional, as estruturas sociais, culturais e políticas da sociedade à qual os interlocutores pertencem. (RODRIGUES JR., 2005, p. 125)

Seguindo os passos de Goffman, nosso estudo buscou focalizar a zoação como um evento que se concretiza em nível microssocial, no qual os indivíduos (no caso, estudantes e professores) se localizavam frente uns aos outros, em um dado espaço escolar, seja a sala de aula, o pátio, os corredores ou outros. Na teoria goffmaniana, tal espaço é denominado de "territorialidade interacional" (1971).

Para a realizar a nossa pesquisa, servimo-nos da observação participante (mergulho nos espaços escolares) com intuito não só de descrever a cultura ali observada, mas, sobretudo de analisar a interação dos estudantes entre si e com seus professores, visando conhecer como eles construíam significados (para a escola, os aprendizados, para as atividades escolares exigidas) por meio de uma linguagem interativa. Como a pesquisa não se resumia à observação de processos em espaços escolares, mas incluía, também, entrevista, considerou-se esse segundo procedimento como um momento igualmente interativo entre os pesquisadores e os sujeitos entrevistados. Daí analisou-se a performance dos estudantes e professores na condição do contexto das entrevistas.

O eixo central das obras de Goffman já foi, de certa forma, revelado nas páginas anteriores, mas vale a pena tornar a sublinhá-lo. O centro das análises de Goffman é o *eu absolutamente construído* (GOFFMAN, 1974). A maioria de seus intérpretes concorda (e nós os reiteramos) que as teorias goffmanianas se estruturam em torno da idéia de um indivíduo que se constrói como um ser social. Pode-se dizer que Goffman, como ninguém, alimenta a imagem de que, em nossas sociedades contemporâneas, o objetivo principal das performances interacionais é desenvolver em cada um "uma imagem de si" em consonância com o contexto ou a situação imediata. Dito de outra forma, um mesmo indivíduo pode produzir imagens muito diferentes de si dependendo do contexto em que está interagindo.

Para melhor esclarecer esses aspectos da obra de Goffman, que nos auxiliaram na análise da zoação, lançamos mão da breve caracterização que Branaman faz da sua obra, dado o seu estilo brilhantemente sintetizador. Segundo esse autor, a obra de Goffman, além da centralidade da performance individual e da idéia de que o "eu" é integralmente construído, ela preconiza que uma das formas pelas quais os indivíduos conseguiam manter um grau de respeitabilidade de seu "eu" frente aos outros "eus" está relacionado ao acesso que cada indivíduo tem às normas ou regras sociais da cultura dominante. Branaman ressalta ainda que a concepção que Goffman tem da natureza da vida social pressupõe pensar a sociedade pela metáfora do teatro, dos jogos, dos dramas. É aí que reside o aspecto performático.

Goffman pensa a sociedade como um conjunto de cenas sociais. Por exemplo, estudar a escola, em uma perspectiva goffmaniana, significa resgatar seus cenários, sua teatralidade. A sala de aula seria, assim, uma cena de teatro que tem atores em interação. Cada ator constrói seu papel na interação, é aí que se desenvolvem suas lógicas de ação, tal como proclamou François Dubet. O sociólogo ou o analista social teria a função de revelar, a partir das interações, o "texto teatral" que está sendo encenado, que emerge em cada episódio, sinalizando como que os atores se intercalam, se encontram no face a face, negociam regras de convivência, se repelem, se aproximam, se amam e assim por diante.

É importante lembrar que essa visão cênica da sociedade conduz a uma visão estética da vida social. Goffman, com base nessa visão, busca caracterizar os enquadres (*frames*) de cada cena, para daí verificar como a experiência social é governada e orientada por esses enquadres. Segundo essa visão, os eventos (no nosso caso, a zoação), as ações, as performances e os "eus" não têm significados em si. Estes precisam dos "enquadres". É por meio deles que se pode construir de forma compartilhada significados culturais por intermédio da linguagem em uso.

O termo "enquadre" é uma tradução da palavra em inglês *frame*. Naquele idioma, a palavra tem um sentido mais amplo e de difícil transposição para outras línguas. Basta lembrar que uma das acepções do conceito em inglês se refere ao universo cinematográfico, no qual o termo cinema significa "técnica de projetar fotogramas (quadros, *frames*) de forma rápida e sucessiva para criar a impressão de movimento". Em suma, é uma arte que produz por intermédio da técnica cinematográfica (técnica de enquadres)[3] obras estéticas, narrativas ou não.

Entretanto, no campo das ciências humanas, o termo enquadre foi utilizado inicialmente por Gregory Bateson (1972) para definir, na fala dos indivíduos, o que estava acontecendo na interação em que ele (o falante) participava. Goffman se apropria da noção e amplia sua aplicação nos estudos microssociais.

---

[3] Sobre essa técnica, cf. BORDWELL, 1996.

Por intermédio do *Frame Analysis*, Goffman buscava identificar os projetos cognitivos por meio dos quais os indivíduos interpretavam o mundo e se comunicavam com ele. Essa perspectiva se assenta, segundo ele, na característica inelutável do indivíduo imprimir, na sua experiência, contornos socialmente relevantes ao compartilhar com outros indivíduos percepções e interpretações comuns à mesma realidade social. Conforme acentuado por Johnston (2002), são essas interpretações e percepções que conformam os quadros que referenciam e inscrevem a ação do indivíduo em um campo social no qual ele se localiza como ator social e portador de uma identidade.

A experiência do ator social, entretanto, não é apenas uma ação que se faz cognitivamente. Para Goffman, trata-se, também, de uma mediação social que se estrutura na forma como os atores agenciam a própria ação, segundo o *modus operandi* em curso na experiência. Em suma, na vivência dos atores encontra-se, portanto, um conjunto de ações que são orientadas por quadros de referência já estabilizados socialmente e admitidos como um fato em si pelos indivíduos, ou seja, são, por eles, naturalizados e incorporados de forma inconsciente. Em função disso, Goffman os denomina de primários justamente por essa característica que os torna pré-reflexivo por seu alto grau de interiorização funcional para a conduta dos indivíduos. Estes, ao orientarem suas ações por esses quadros, buscam efetivá-las em reciprocidade às exigências e aspirações organizacionais já incorporadas institucionalmente. São ações interiorizadas constituindo um indivíduo subjetivo, um "eu subjetivo" que, em termos discursivo e comunicacional, é representado pelo pronome reflexivo "mim" (*self*).

Falemos um pouco desse "eu subjetivo", pois, como veremos, na análise das cenas escolares, ele é um componente importante para esclarecer como os jovens monitoram suas ações no contexto escolar.

## *Self (Mim)* e sua Construção

Na realidade, a assunção do conceito do "mim" na teoria goffmaniana vem de sua herança do interacionismo simbólico, em especial, tal como foi elaborado por George H. Mead, psicólogo social estadunidense que formulou uma das mais influentes teorias sociológicas do século XX.

Em sua clássica obra intitulada *Mind, Self and Society* (*Mente, Eu e Sociedade*), Mead analisa magistralmente como se forma, no indivíduo humano, o chamado "eu subjetivo". Diferentemente de outros seres vivos, o homem, diz Mead, é o único que pode ter experiências que ocorrem apenas no nível mental, ou seja, na sua interioridade, no exclusivo nível do seu próprio pensamento. Essa experiência pode existir mentalmente, sem nunca ser manifestada. Ele fala daquele tipo de pensamentos que produzimos na nossa mente e só nós o sabemos e o conhecemos e, se quisermos, nunca o falaremos para ninguém. Trata-se daquelas inúmeras experiências em que conversamos com nós mesmos antes de tomarmos uma decisão ou, então, quando planejamos mentalmente o que vamos fazer e dialogamos com os nossos pensamentos. Mead busca responder como isso se torna possível, na trajetória de humanização dos seres humanos.

Segundo sua teoria, é possível ter-se uma experiência mental por alguns motivos muito importantes.

O primeiro afirma sermos nós, os humanos, como assinala Mead, os únicos capazes de usar símbolos significativos para responder a nós mesmos. Isso acontece em função da nossa capacidade de vocalizar os símbolos significantes.

Conseguimos vocalizar, por exemplo, todo o alfabeto, sílabas formadas por ele, palavras, enunciados, e assim por diante. Em suma, podemos literalmente nos ouvir e, com isso, podemos responder questões para nós mesmos assim como as respondemos para os outros. Com isso, Mead mostra que podemos ser receptores de nossas próprias mensagens.

O segundo motivo que nos permite uma experiência mental se refere ao fato de que o nosso "eu" tem, segundo Mead, duas facetas, ou seja, todos nós temos dois "eus". Um que nasce com cada um de nós, com toda a herança genética de nossos antepassados. É o que Mead chama de "eu-mesmo". Mas há um outro "eu" que será construído na nossa interação com os outros indivíduos com os quais convivemos, ao longo de nossa vida. Essa segunda faceta do "eu". Mead chama de "mim" (*self*). Ao primeiro conceito, o "eu-mesmo" ou "si mesmo" (como o chamam alguns autores), Mead atribui as seguintes características: é a parte única, impulsiva, espontânea, desorganizada, não-controlável, imprevisível. Ao segundo eu, o "mim", Mead o vê como resultado das interações dos indivíduos entre si, nas quais se constrói um "eu generalizado", ou seja, um "eu" composto de padrões organizados, consistentes e compartilhado com os outros. Este "eu" é totalmente internalizado.

A constituição do "mim" ainda que se consolide ao longo da vida de cada indivíduo, se dá, segundo Mead, na fase primária de cada um de nós, na infância. Dá-se em três estágios. O primeiro é o da fase do aprendizado inicial (1-3 anos), no qual a criança simplesmente imita os gestos das pessoas a sua volta. Dito de outra maneira, ela reproduz gestos ainda desprovidos de significados. O segundo estágio (3-4 anos) é aquele que Mead identifica como sendo o estágio teatral, no qual a criança não apenas imita, mas já consegue representar os papéis de outros indivíduos que lhe são significativos. Consegue representar o papel de mãe, de pai, de professor, de médico, e assim por diante. Neste estágio, a criança, segundo Mead, já consegue fingir ser outra pessoa. Mas ainda não chega a desenvolver uma concepção singular de si mesma. O terceiro estágio (4-5 anos) é o do jogo no qual a criança aprende que seu papel é desempenhado em uma cena que tem regras, que sua ação coexiste com outras com as quais está conectada. Tudo que faz tem ação e reação. Assim, nesse estágio, a criança aprende a ficar atenta ao papel dos demais atores. Começa a perceber que representa um papel respondendo não apenas para si, mas deve responder simultaneamente para os outros atores. Não é apenas o seu papel que terá de assimilar, mas deverá assimilar, também, o papel dos outros atores que contracenam com ela. Aos poucos percebe que seu papel de filho, de estudante, de jogador de bolinha de gude, e outros, não é uma criação só sua. Esses papéis são criados por todos os atores com quem ela convive. Assim, terá de compreender no mesmo conjunto o significado e as regras (a serem absorvidas e respeitadas) que regem, por exemplo, o papel de pai, o de mãe, o de irmão, o do professor, o dos empregados, e outros. É isso que Mead chama de um "eu generalizado", a saber: um "eu" composto por definições que os outros fazem dele. Ao responder para um outro, estaria a criança a responder para toda a sociedade. O "eu generalizado" é, assim, um "eu eminentemente social".

É nessa dimensão que Mead define o sentido do conceito de sociedade na sua trilogia *Mind, Self e Society*. Esta última, segundo ele, nasce de símbolos significantes do grupo. É uma série de interações cooperativas fundadas no uso dos símbolos que devem possuir um significado compartilhado. A mente (*mind*) é o processo de interação da pessoa consigo mesma. É por meio desse processo mental que os humanos desenvolvem a sua capacidade de reflexão. Mead valoriza por demais a reflexão mental por entender que ela oferecia o fundamento lógico no qual o indivíduo se vê como um ator e não como um reator passivo. Mead estava convencido de que os seres humanos constroem literalmente o ato antes de o colocar em prática.

Todo ato humano se principia, na perspectiva de Mead, com um impulso que nasce do "eu-mesmo", mas em seguida, esse ato passa a ser controlado pelo "mim". O primeiro é importante, porque é ele que impulsiona a ação. É com esse conceito do "eu-mesmo" que podemos explicar os impulsos criativos e imprevisíveis que existem dentro da cada um de nós. O segundo, o mim, é igualmente importante porque ele dirige e orienta a ação.

Pensando as influências de Mead na obra de Goffman, pode-se dizer que os enquadres (*frames*), que, segundo ele, orientam a ação dos atores, teriam um papel importante na constituição do "eu generalizado", uma vez que é por sua mediação que ele é incorporado pelo indivíduo na sua interação com o outro generalizado. Mas essa incorporação não seria nunca completa, graças à capacidade reflexiva dos atores que, como ressaltou Mead, tal capacidade entra em cena toda vez que o "eu-mesmo" (impulso, ato criativo, imprevisível) se impõe ao "mim", exigindo uma redefinição de posições subjetivas a reorganizar novos quadros informacionais mobilizados pela incompletude processual do "mim".

Em nosso estudo, buscamos focalizar cada cena observada a partir de enquadres. Como nos lembra Goffman, muitos elementos formam uma situação social, por isso os indivíduos identificam uns como *figura* e outros como *forma*. Enquadre primário de uma situação designa exatamente essa relação entre *figura* e *forma*. Na realidade, o que observamos na escola foram ações submetidas a enquadramentos cênicos. Fizemos como faria um cineasta ou um diretor de teatro ao enquadrar, em uma cena, um momento interativo no qual os atores, a partir de jogos dramáticos, representam ou protagonizam um episódio, um drama, uma comédia, um sentimento. Inicialmente definem o que é figura e o que é forma. Não é tudo o que está no palco que interessa, mas apenas alguns elementos são destacados. Por isso, o foco de luz recai sobre um conjunto de interações, enquanto outros ficam na penumbra ou até na total escuridão. Em compensação, o que está sendo iluminado, o está em detalhes. Os gestos são descritos em amplitude, a entonação da voz é um componente importante no jogo de significados, as pausas, os risos, os semblantes, os sentimentos, os enfados, os prazeres, tudo isso, na microcena, toma proporções gigantescas. Não podemos esquecer que na cena da vida não há um *script* prévio, como no teatro, em que atores e diretores de cena conhecem de antemão o texto que será encenado. Na pesquisa interacionista, o texto surge na interação e é a partir daí que ele é analisado.

A análise dos enquadres exige uma incursão na dimensão da linguagem comunicacional. Para isso, um outro conceito de Goffman importante, amplamente utilizado pelos sociolingüistas e analistas do discurso, é o conceito de *footing*. Este, segundo esse autor, desenvolve o conceito de enquadre com intuito de mostrar a dinâmica do próprio discurso. Em linhas gerais, Goffman apresenta o *footing* como uma espécie de alinhamento ou, melhor dizendo, uma projeção do "eu" dos participantes envolvidos em uma interação conversacional. Com esse conceito, é possível examinar mudanças discursivas ao longo da interação: modificações no código, os elementos prosódicos, marcadores que expressam ritmo, o volume e timbre da voz, acentos, hesitações, estruturas fonêmicas, interjeições, e muitos outros. Para Goffman, a mudança de *footing* dos participantes ao longo de uma interação é algo mais do que normal.

Em nosso estudo, analisamos nas falas dos jovens marcadores que projetam o "eu" dos atores.

Nas interações em ambiente escolar, quando há situações em que os estudantes precisam negociar posições entre si, ou têm de negociar com seus professores, não se pode esquecer que cada um entra na referida situação com seus próprios enquadres ou com seus interesses e expectativas advindas de situações de vida anteriores. Isso pode dificultar a se chegar a um acordo, na maioria das vezes, o sucesso depende de mudanças nos enquadres primários de todos os participantes.

## Zoação e bagunça como modalizações do enquadre relacional da sala de aula

Comecemos esta seção ressaltando aspectos da constituição do "eu" com sua dupla faceta, conforme formulado por Goffman. Lembrando que, para esse autor, o "eu" de cada um de nós se constitui em uma tensão interior entre o "eu-mesmo" (criativo e impulsivo) e o "mim" (um eu generalizado que internalizou as regras sociais e os papéis legitimados socialmente), vejamos como os estudantes por nós observados exprimiam esse segundo "eu", ou seja, o das normas sociais.

Após um bom período de observação nos espaços da escola na qual o estudo foi realizado, não era difícil constatar que os estudantes preservam os enquadres primários ao se disporem a ir à escola e a cumprirem as atividades inerentes a sua participação como estudantes em sala de aula. Parte das regras preestabelecidas era cumprida quase a risca. Chegam no horário, sobem à sala, fazem as atividades, enfim, cumprem as rotinas elencadas pela escola como relevantes. À medida que observam todas essas regras sem esboçar nenhum protesto, pode-se dizer que tais regras, como ressaltou Goffman, foram internalizadas, daí serem vividas como algo natural. A elas se referem como irrefutáveis até para se autojulgarem quando perguntados sobre seu desempenho na escola e na sala de aula.

Em seguida, apresentamos microcenas onde as interações mostram claramente como os jovens vão construindo suas subjetividades. Na realidade, essas cenas ocorrem em todos os ambientes da escola, sala de aula, biblioteca, refeitório, pátio, nos corredores, na entrada. Em suma, todos os espaços escolares podem se constituir em cenários onde os atores desenvolvem seus personagens, orientam suas ações e se produzem enquanto indivíduos. Como são infinitas no seu conjunto, selecionamos algumas cenas que, a nosso ver, ilustravam a zoação como um dos momentos constitutivos da vivência juvenil, brincam, gozam, se divertem, criam, à sua moda, formas interativas de controle e autocontrole entre pares.

### Microcena I

Em um pequeno fragmento do diário de campo, essa predominância dos meninos e participação das meninas na condução da cena torna-se evidente. Era uma aula de Português em que a professora Mirna escrevia no quadro um exercício a ser feito em sala. Os alunos copiam mecanicamente o que a professora escreve. Alguns, devido à quantidade de exercícios, resolvem se queixar que estão escrevendo muito. Outros, aproveitando-se que a professora está entretida em escrever no quadro e aparentemente não atenta ao que se passa em suas costas, estabelecem pequenas conversas entre os que se sentam mais próximos.

Um desses subgrupos inicia uma conversa em que a interação principal é de dois meninos e, aos poucos, duas meninas vão participando do diálogo e roubando a cena. A conversa gira em torno da "ficação" com outras duas meninas no final de semana:

> Ubiratan diz a Wanderson que ele ficou com uma menina lourinha – dando a entender que a menina é feia. O que Wanderson responde afirmativamente, mas que Ubiratan também já tinha ficado com a mesma menina e que havia sabido por que a própria menina tinha dito. O que Ubiratan nega e dirigindo-se a Beatriz, comenta ironicamente: –"Você precisa ver a beldade que ele pegou: 1 metro e 20 e 13 anos" (risos). – "14 anos", retruca Wanderson. Beatriz pergunta se a menina estuda na escola. – "Não, eu invisto com gente de fora, as mina daqui é amarrada" (mais risos). O que faz Elisângela comentar com Beatriz que as meninas da escola não ficam com qualquer coisa. São elas que riem agora. O comentário irrita Wanderson que, se dirigindo a Elisângela, diz: – "Vai tomar o Gardenal!" – "Quem tem que tomar é você, presta atenção!", Elisângela retruca e tenta chamar a atenção da professora. Ubiratan, enquanto isso, reafirma que a menina tinha 1m20 e Wanderson lhe responde: – "É, é por isso que estou com dor na coluna. A menina tava na maior seca, eu dei o mata, véi." (risos). E dirigindo-se à professora, que havia perguntado o que se passa, lhe diz: – "Tem baba ovo, 'fessora'". O que Elisângela lhe diz que: – "Baba ovo é a puta da sua mãe!". Wanderson: – "Se a minha mãe é puta, faz junto com a sua mãe". Os dois são repreendidos pela professora, que manda Elisângela para a sala da direção. Ela, quando passa pela janela vizinha

à carteira de Wanderson, puxa-lhe o cabelo. O que faz com que esse a xingue. (Diário de Campo)

Fica claro que os meninos jogam para a platéia de meninas e, concomitantemente, entre eles, há uma nítida concorrência em que o objetivo de cada um é sobressair-se ao outro. Em linhas gerais, pode-se dizer que, nesse episódio, o ato encenado visa reforçar uma das estratégias que acentua a construção da masculinidade, faz parte desse jogo publicizar suas conquistas amorosas (verdadeiras ou falsas) (CONNEL). Cada um deles espera, portanto, convencer as meninas de suas habilidades com o sexo oposto, como, por exemplo, humilhar o opositor ao lhe explicitar o despreparo em lidar com "o ficar com uma menina". Eles"tiram sarro" um do outro e zoam. Só não esperam, entretanto, a entrada em cena das meninas. Mas foi o que aconteceu. Elisângela reagiu. Pode-se observar nesse episódio como funciona o conceito goffmaniano de *footing* acima descrito, que demonstra a projeção do "eu" dos participantes envolvidos em uma interação comunicacional. Há uma clara mudança discursiva, muda-se até o tom de voz, jocoso, mas impositivo. Estabelece-se ali um jogo interativo entre meninos e meninas, que faz parte dos jogos de sedução. Disputam atenção. Wanderson despreza as meninas da escola como namoradas. Elisângela projeta seu "eu" e retruca dizendo que as meninas não ficam com qualquer coisa, em tom depreciativo. Reafirma o seu lado feminino, as meninas riem. Wanderson não deixa por menos, busca um argumento que, pela reação de Elisângela, pareceu-lhe muito agressivo. Ele mandou que ela fosse "tomar gardenal", ou seja, o que em outro contexto poderia parecer até inofensivo, naquele momento da cena soou como um a grave ofensa. Gardenal, medicamento utilizado por quem sofre de crises convulsivas pareceu, ali, ser sinônimo de pílula de "gente descontrolada". Elisângela revida no mesmo tom, projeta seu "eu" com a mesma intensidade, devolvendo-lhe a sugestão e ainda acrescenta um alerta "presta atenção". Não satisfeita, chama a professora, que entra em cena e pergunta o que houve. A resposta dos alunos, como diria Goffman, muda radicalmente de código, muda o ritmo, o volume e o timbre de voz do texto. Saiu-se da simples zoação, da brincadeira, do divertir-se e descambou-se para o insulto verbal. Ao ser chamada de "baba ovo" (expressão inteiramente pejorativa, referindo-se àquele que adula, "puxa-saco"), Elisângela se irrita e ofende Wanderson com palavras de baixo calão. Quebra as regras da vivência escolar e é posta para fora da sala pela professora. Ao sair, puxa o cabelo de Wanderson. Tudo começou com uma simples zoação – "tirar o sarro" – e passou para uma violação das regras, interpretada como bagunça. É a intervenção da professora que retira Elisângela da sala por ela ter falado palavrão o que demarca a ultrapassagem da zoação para a quebra das regras, a sua opinião, inclusive, como de outras professoras, é que Elisângela é desbocada e rude com os colegas. Ou seja, Elisângela é punida por dirigir a cena para um conflito aberto em sala e, portanto, pela quebra de uma regra de convivências, impedindo a continuidade da aula, mesmo que tenha sido ela que requisitara a atenção da professora para mediar o conflito, ou seja, ela reconheceu, em parte, que quem teria autoridade para mediar a situação era professora.

### *Microcena II*

Uma outra cena é bastante característica da zoação entre meninos e que geram bagunça no sentido aqui referido, de impedir que o professor dê aulas.

Marcelo e Ulisses foram protagonistas desse evento:

> Durante a aula de Matemática, Marcelo reclama com o professor que na aula anterior da professora de Português, uma regra havia sido descumprida. A regra de não-uso do celular na sala de aula. E que isso era injusto porque ele não mais usava o celular porque não estava permitido. E, no entanto, havia vários alunos usando-o durante a aula. O professor de Matemática lhe respondeu que isso não era uma questão para ele resolver, já que o ocorrido se deu na aula de Português. O comentário do professor provoca riso na sala e piadas. Uma que se faz ouvir por todos é a de Ulisses:

– "Ah, professor, o Marcelo tem fogo no rabo?" – Sucessão de risos.

O que Marcelo replica que fogo no rabo é o cu da mãe de Ulisses. Os dois são suspensos pelo professor que os manda para a diretoria. (Diário de Campo)

Retomando mais uma vez as observações de Goffman acerca das cenas e suas composições, vejamos como seu modelo teórico nos ajuda a compreender o cotidiano de uma sala de aula. No relato acima, fica claro que a mudança de aula não altera o cenário para os alunos, o que tem de novo é que entra um novo personagem: professor de Matemática. Logo de cara um dos alunos, Marcelo, se queixa de regras que são quebradas pela própria instituição. Quem acredita que os alunos não observam as regras se engana. Os professores, sim, que precisam ficar atentos a isso. O uso do celular em sala, embora proibido, ocorria amplamente na aula anterior, de Português. A resposta do professor de Matemática de que aquilo não era um problema seu, mas da professora de Português que o antecedeu, sem que se explicite claramente, deixa claro que regras não precisam ser cumpridas ou que elas podem ser rompidas de acordo com as circunstâncias. O fato é que a resposta do professor produziu uma zoeira na turma, risos e piadas, e um comentário depreciativo: um dos colegas disse que o queixoso, Marcelo, tinha "fogo no rabo". Este respondeu insultando o colega, com palavras de baixo calão. Ambos foram suspensos.

Ulisses, em entrevista, explica quais eram seus objetivos quando decidiu entrar em cena, que resultou na sua suspensão:

> *Paulo:* [...] quando você falou que o Marcelo tava com fogo no rabo, qual era a sua intenção?
>
> *Ulisses:* O Marcelo, ele quieta não, ele não assiste aula. Ele fica lá só brincando, conversando, apitando celular, brincando com o celular e todo mundo. Aí proibiu o celular. Aí só porque o do menino lá tocou o celular, ele queria brincar também, aí apelou, começou a discutir com o Porfírio [o professor de Matemática]... ele tá falando que ele tava conversando com Porfírio numa boa e tudo [...] mas não tava não, tava discutindo. Aí eu fui e cheguei e "Ah ó menino você tem fogo no rabo sô" [...] aí ele olhou pra mim "fogo no rabo é o cu da sua mãe". Aí o Porfírio foi e olhou pra nós dois assim e tirou nós dois de sala.
>
> *Paulo:* Mas a sua intenção não era sair [...] sua intenção não era ser retirado da sala.
>
> *Ulisses:* Não, com certeza, era fazer aquele menino parar, ele não pára. Ele não quieta, não. Se você assistir aula com ele... você já deve ter visto aula, você já viu né. (risos) Era de rir mesmo.
>
> *Paulo:* Você sabia que ia acontecer tudo isso, que vocês iam descer, que ia dar aquela confusão lá no pátio?
>
> *Ulisses:* Não, pra mim não. Ele ia escutar e ficar na dele, entendeu? Mas ele escutou e quis apelar.
>
> *Paulo:* Por que você acha que ele apelou?

*Ulisses:* Porque ele é bobo.

*Paulo:* Tá... e por que... quando você, por exemplo, quis chamar a atenção dele... aqui entre nós, você quis fazer graça também não queria?

*Ulisses:* Com certeza.

*Paulo:* (risos) Você queria dar uma zoada no cara, né?

*Ulisses:* É, uai.

*Paulo:* Porque você podia ter feito de outro jeito. Você podia ter dito assim, "Ah Marcelo você não pára quieto..." quando você falou assim "Marcelo, você tem fogo no rabo", essa expressão não é engraçada?

*Ulisses:* [...] não era nem pra ele escutar, na hora que eu falei, porque eu tava assim do lado do Fausto, aquele baixinho, moreninho. Aí ele tá bem lá discutindo, eu tô... aí ele discutindo, gritando lá com o Porfirio, eu "Nossa Senhora esse menino tem fogo no rabo" falei com o Faustim, ele escutou, olhou pra mim, foi e xingou. Mas não era nem pra ele ter escutado não, mas já que escutou... (risos)

*Paulo:* Então na verdade você não queria falar pra ele...

*Ulisses:* Pra ele. Eu não queria que ele escutasse não, mas ele escutou, uai.

*Paulo:* Tá. Então... você...na verdade não queria que ele parasse de falar com o Porfirio. O que você queria na verdade era fazer um comentário com o Faustim...

*Paulo:* Com o Fausto.

*Ulisses:* Com o Fausto. E aí a intenção era dar uma zoada.

*Paulo:* A-ham. (Ulisses, 3)

Reclamar do comportamento de Marcelo era a primeira explicação que vinha a Ulisses para o fato de ter dito a ele que tinha o fogo no rabo, sua intenção era demovê-lo do comportamento – nada mais adequado ao ambiente escolar e ao prosseguimento da aula. O professor não se deu conta que o aluno estava reiterando uma regra estabelecida pela escola, reiterando, é claro, à sua maneira. Logo após, entretanto, o motivo intencionado era da zoação, sua intenção era tirar um sarro do colega em cena com um outro com quem sentara para fazer a atividade, por isso o uso do "rabo em fogo".

Se aparentemente não era para que todos escutassem, não foi isso o que aconteceu. Sua voz se projetou acima das demais e tornou-se audível para todos. A réplica de Marcelo, o riso e o desfecho que se segue demarcam o sentido pretendido e o sucesso alcançado. Eles tinham conseguido, através do ajustamento de suas posições, revidar o oponente numa situação que, após a superação do conflito aberto, retorna-se à condição de solidariedade entre iguais. Mas a regra escolar se impôs: foram postos para fora da sala de aula.

Encontramos-os, logo após, no corredor. Sentados em cadeiras que ficavam os que esperavam para falar com a direção da escola. Mantinham uma conversa amigável sobre o acontecido. Amigável a ponto de não fazer lembrar o motivo que estavam ali. Os xingamentos só reapareciam quando percebiam que algum grau de penalidade haveria pelo fato de estarem à mercê de um julgamento de seus atos por parte da escola. O companheirismo tornava-se cada vez mais perceptível e se revela quando o dois vão à secretaria, inclusive porque a diretora estava resolvendo outros dilemas, para agendar o uso da quadra para o próximo final de semana.

A solidariedade e o companheirismo entre os homens se interconectavam diretamente com a disputa na qual "o rabo em fogo" é a expressão do pomo de discórdia entre os dois. Mas uma discórdia em que se conservam os perigos inomináveis em se desejar com o rabo ou ter uma mãe desejada. A saída é brincar com tudo isso e não deixar que a quentura se estabeleça. O melhor é arrefecer os ânimos e deixar o calor para o futebol, espaço possível de se exercitar a masculinidade. A saída é marcar um interlúdio entre homens.

### Microcena III

Fernando e Adriano, em diversos momentos, tratavam-se como "bichas" na sala de aula e por toda a escola e eram tratados como tal por seus colegas.

> Na quadra da escola, outro cenário escolar, havia um treinamento de vôlei. Fernando, fora da quadra, incentivava a Adriano lhe dizendo: "Vai, bicha! Quebra essa munheca!" Dizia isso, pulava, agitava os braços, ria, olhava para Beatriz, Helena e Jennifer, que se encontravam perto e repetia a frase. As meninas riam e diziam que Fernando era muito engraçado, uma bicha engraçadíssima.

Na sala de aula, Adriano era mais tímido, ficava mais calado em um canto enquanto Fernando andava por toda a sala e era alvo de piadas homofóbicas para as quais ele se portava com indiferença. O comentário, inclusive de Adriano, é que Fernando era o atrevido. E que ele ficou mais atirado depois que Adriano entrou na escola e os dois passaram a andar juntos. (Diário de Campo)

Quando nós entrevistamos, era comum um se referir ao outro como "bicha" e serem chamados de "bichas" e todos os sinônimos. Essa situação fazia parte do cenário da sala e assim era vista pelos dois, que consideravam a ofensa uma variável da zoação existente, da brincadeira.[4]

---

[4] SILVA (2005), já em 1960, em um pequeno vocabulário da gíria homossexual anexado em sua monografia, registra: "Bicha: Em gíria homossexual, um sinônimo para perobo. Pode ser usado muitas vezes com o mesmo sentido depreciativo, e nesse contexto implica alto grau de julgamento apreciativo negativo. Pode ser utilizado, no entanto, no sentido afetivo, dependendo da ênfase e das pessoas a que se refere no contexto da situação" (SILVA, 2005, p. 186).

*Paulo:* Mas, assim, uma coisa que eu percebo é que as brincadeiras feitas com vocês, principalmente com você, Fernando, têm um conteúdo muito voltado pra sua sexualidade. Os meninos falam muito, por exemplo, que você é gay, que você é boiola, que você... eu anotei uma vez na aula de ontem várias palavras que eles usaram sobre isso. E isso é algo muito ofensivo, né, eu acho muito ofensivo. Você não acha? Você of... você se ofende?

*Fernando:* Eu não me ofendo porque é normal eles falarem isso. Eles podem falar pelo meu jeito de ser, pelo meu modo de ser eles falam mesmo. Mas eu não me levo em conta o que eles falam, que eu acho que muitas vezes eu dou um tipo de liberdade pra eles falarem. Mas eu acho que vale mais a minha intenção do meu viver, do meu modo de viver. Só que esse pessoal na comunidade, não só na escola, na comunidade eles julgam as pessoas muito pela aparência.

*Paulo:* Humhum!

*Fernando:* O pior é isso, né. Então, eu acho que a discriminação pelo modo... eles nem conhecem a pessoa, mas pelo modo da pessoa ser eles discriminam a pessoa. Mas pra mim eles podem falar o que quiser, eu não tô nem aí, sabe. Eu tô pouco me importando pra o que eles falarem. Então, eu sou assim mesmo, eu sou alegre. Eu tô vivo.

*Paulo:* Humhum! E como é isso pra você Adriano? Você percebe isso que eu estou falando ou é invenção da minha cabeça? Eu tô vendo demais?

*Adriano:* Percebo. Percebo sim que fazem muita brincadeira com ele assim na escola. E também fazia com você lá no (refere-se a outra escola que Fernando estudara antes de ir para a E.M. José Alves)

*Fernando:* No (escola anterior) não. Lá, assim, é, o meu modo de ser sempre foi assim, livre. Não gosto de ficar preso. Então desse jeito que eu sou eu sempre fui desde pequeno. Eles falam sabe, desde pequeno. Então, pelo modo... antes até que eu me importava, mas hoje o que vem debaixo não me atinge, né, a famosa frase.

*Paulo:* Você teve algum momento que você mudou? Que você é... achava que tinha que ser diferente? Depois começou a achar assim? Você sempre encarou desse jeito, quer dizer, que é tudo natural? Que você é assim mesmo? Que o que vem debaixo não te atinge?

*Fernando:* Não, assim, como é que eu posso falar? Eu... eu já assim, pelo modo de pensar, as vezes discriminar falando, essas coisas eu já pensei muito. Ué, mais o quê que tá errado? Pensei comigo "O quê que tá errado?" "O quê que eles falam?". Aí (trecho incompreensível) assim, "Mas eu sou desse jeito. Eu não vou me mudar o meu modo de ser por que eles falam". Então, eu já parei pra pensar no meu modo de ser, mas sou eu. O problema não está comigo. O problema não é do meu jeito de ser. É o que eles falam. O problema tá neles, não no meu jeito.

Antes de continuar a entrevista, vale retomar aqui como os jovens constroem o "eu subjetivo", na perspectiva traçada por George Mead. É incrível o diálogo interior que eles estabelecem consigo mesmo. Diante da pressão de um "eu generalizado" que deveria seguir a rota de todos os meninos de sua idade, o seu "eu-mesmo" não se deixa sucumbir, se reafirma. O problema não está na imagem que criou para si, mas nas representações que os outros fazem de si. Isto lembra a solidificação do estágio da constituição do *self*, conforme a descrição de Mead em que o indivíduo não apenas apreende as regras de seu próprio papel, como absorve as regras dos papéis de seus interlocutores, por isso sabe se portar na cena, sabe contracenar sem perder o prumo. Continuando a entrevista:

> *Paulo:* Humhum!
>
> *Fernando:* Só que eu acho que eu não devo satisfação pra ninguém mesmo. Eles não me conhecem, então o meu problema, o problema é meu, o meu problema, o meu modo de ser.
>
> *Paulo:* Humhum!
>
> *Fernando:* O meu modo de se expressar.

Para Fernando, em sua percepção, estar vivo lhe faz sentir normal, o preconceito é normal por saber que faz parte da vida, afinal, ele dá liberdade aos colegas para tratá-lo assim. Não vê nessa liberdade preconceito, deixa que eles façam o que bem entenderem porque é assim que ele trata a vida em sua normalidade. O que lhe importa não é o preconceito, quer dos alunos, quer de outras pessoas da comunidade, é a liberdade de se ser o que ele é. Aceita-se como diferente. Não deixa dúvida quanto a sua escolha pessoal, chama para si a responsabilidade de sua construção. Isso nos faz lembrar as situações analisadas por Anthony Giddens quando insiste no fato de que os atores sociais são aqueles capazes de justificar ou de explicar suas ações.

Interrogando o outro jovem, o Adriano, obtiveram as seguintes respostas:

> *Paulo:* O que que você acha disso, Adriano? Quer dizer, você encara da mesma forma?
>
> *Adriano:* Como assim, encara da mesma forma? As brincadeiras comigo?
>
> *Paulo:* É.
>
> *Adriano:* Não, é eu acho que eu só tô é brincando, que depois que eu saí da escola, eu vou ter que estudar muito. Meu pai falou que não pode brincar agora que vai ter concur... é... prova do CEFET e COLTEC, eu não posso brincar mais depois, né. Então, eu era calado

antes, eu fazia brincadeira fora da escola. Agora eu estou brincando mais. (Adriano e Fernando, 3s).

Já Adriano tem um posicionamento muito distinto do de Fernando. Encara a identidade gay que lhe é imputada como uma brincadeira. Um personagem que pode ser vivido enquanto estiver estudando naquela escola, com aqueles colegas. Ainda que as chacotas sejam dirigidas a ele e a Fernando, trata da questão como se o alvo do preconceito fosse apenas o Fernando e não ele. Para ele, é uma brincadeira que se encerra no ano seguinte, após o término do Ensino Fundamental e a aproximação do Vestibular. Nesse aspecto, a relação entre compulsoriedade escolar e a moratória juvenil articulada à zoação como adiamento da maturidade desejada torna-se, novamente, uma dimensão presente.

## Conclusão

As três cenas apresentadas mostram que a zoação (vista como caos) faz parte das cenas escolares e compõe momentos de interações importantes na fase de sociação dos jovens. De fato, a zoação rompe com as regras escolares, interrompem ou acentuam a coesão?

O estado aparentemente caótico das interações em curso nas salas de aula observadas, chama a atenção para a afirmação de Simmel sobre como as organizações, escolares ou não, utilizam-se das regras impessoais para melhor garantir a coesão, pois é nessa esfera que é possível trazer regularidade à multiplicidade de contatos que se estabelecem no fluxo da vida presente nos encontros face a face.

Primeiro é necessário elucidar que o fato de registrarmos inúmeros momentos de zoação não significa uma ausência da função reguladora por parte da administração escolar, mesmo que seja dessa maneira que alguns a entendam. Não se trata, portanto, de afirmar que a única ação a constituir sentido seja a dos alunos no interior da sala, já que para aqueles críticos a direção e o corpo docente se encontram reféns dos alunos. Não é dessa forma que entendemos o que se passa no interior dos estabelecimentos escolares entre os alunos, os professores, a direção e na relação desses atores com os valores grupais encetados no interior da instituição. Para Simmel, não é próprio da instituição o distanciar-se da vida existente no cotidiano da organização, nem se referir a eles como algo exterior a ser controlado ou conduzido. Para esse autor, quando a instituição assim se comporta, transforma o seu papel de organizadora em uma ação cristalizada tendo em vista a inspeção e o controle.

Seguindo o raciocínio de Simmel, pode-se dizer que, quando as escolas explicitam a busca do diálogo como via de acesso a um ciclo virtuoso na relação com os alunos, é por que entendem que não é possível manter-se funcionando como organização sem abrir espaço para a subjetividade dos jovens que agem sem necessariamente se disporem a ser apenas alunos no interior da escola.

É claro, entretanto, que não se pode ser ingênuo por achar que é suficiente manifestar a vontade de dialogar e que não haja insucesso em suas tentativas. Inclusive, a própria adoção do diálogo é o sintoma de uma crise pela qual passa a instituição escolar que, de uma maneira geral, não mais corresponde à adesão dos indivíduos às regras sociais que a regem (DUBET; MARTUCELLI, 1996, 1998; DUBET, 2001, 2002).

Simmel, quando tematiza o tamanho dos grupos como um dos vetores da constituição de formas distintas de coesão social, afirma que as regras institucionais propugnadas pela lei e pela jurisprudência guardam maior relação de eficácia quando os grupos são maiores, pois, então, tornam-se pouco eficientes os contatos intersubjetivos na gestão da forma na qual a sociação se efetivará, visto que a instituição já os engendra e exige que a interação entre os indivíduos seja ainda mais impessoal. O que aqui se torna decisivo é o compromisso dos indivíduos com o bom funcionamento das regras das quais devem estar cônscios antes de virem a se ingressar nas instituições que as prescreve. Para Simmel, entretanto, essa aceitação das regras vigentes não impede que os contatos face a face se dêem e que, em seu interior, se gestem outras compreensões das regras institucionais. Um dos exemplos mais relevantes desse posicionamento da instituição para com as interações intersubjetivas se revela na previsão de penalidades cabíveis para os que não cumprirem as regras ou mantiverem práticas inadequadas ao bom funcionamento da instituição.

A instituição mantém para com essas interações não apenas um caráter punitivo ou cerceador, mas busca incentivá-las com a expectativa de que elas venham a consolidar as posições almejadas e prescritas pelas regras que a instituição espera que permaneçam.

Os professores esperam que isso ocorra, assim como os alunos contam que a flexibilização dos *enquadres* ocorrerão também. Em vários momentos das entrevistas realizadas, os alunos se referem aos professores como "bons" e/ou "maus" conforme eles sejam mais ou menos exigentes, mais ou menos "amigos" – o professor também tem que ser amigo. Assim, sob o ponto de vista dos alunos, um mesmo critério poderia servir para etiquetar, como bom ou mau, o mesmo professor.

O que é decisivo, portanto, para manter a coesão do grupo não é só a atenção às regras. Elas perdem a eficácia em grupos nos quais a sua função se vê relativizada pelas interações reais entre alunos e professores e que se expressa, neste caso, na própria posição da escola de estabelecer um diálogo. Sendo assim, a coesão grupal não depende dos processos de coerção exercidos pelas regras, mas da adesão de seus participantes à forma que lhes organiza a sociação.

Amparado em Simmel, acreditamos que o que está em jogo em uma formação social não é a valoração dos conteúdos de um ponto de vista moral, mas a compreensão de como esses, no interior das formas, tornam-se relevantes como veículo da interação entre os indivíduos.

A zoação, portanto, como um vetor dos costumes encetados pelos alunos para regular suas inter-relações em sala de aula, gera, simultaneamente, (1) coesão social por interpor entre eles formas coercitivas de regulação, (2) um julgamento moral extremamente crítico da conduta e que se expressa na percepção de que a bagunça é a degenerescência da zoação, (3) o recrudescimento da percepção de que a escola funciona cada vez menos como uma instituição puramente normativa.

## Referências

BORDWELL, D. La narración clássica. In: *La narración en el cine ficción*. Barcelona: Paidós Ibérica, 1996.

DUBET, F.; MARTUCCELLI, D. *A l'école: sociologie de l'experience scolaire*. Paris: Editions du Seuil, 1996, 264 p.

DUBET, F.; MARTUCCELLI, D. *En la escuela: sociologia de la experiência escolar*. Tradução de Eduardo Gudiño Kieffer. Buenos Aires: Editorial Losada, 1998. 487 p. Original Francês.

DUBET, F. *Le déclin de l'institution*. Paris: Etidions du Seuil, 2002. 422 p.

DUBET, F. *Pourquoi changer l'école?* 2. ed. Paris: Textuel, 2001, 140 p.

DUBET, F. *Sociologia da experiência*. Tradução de Fernando Tomaz. Lisboa: Instituto Piaget, 1996. 282 p. Original Francês.

GIDDENS, A. *A constituição da sociedade.* Tradução de Álvaro Cabral. 2. ed. São Paulo: Martins Fontes, 2003. 458 p. Original Inglês.

GIDDENS, A. *As conseqüências da modernidade.* Tradução de Raul Fiker. São Paulo: UNESP, 1991. 177 p. Original Inglês. (Biblioteca Básica)

GIDDENS, A. *Modernidad e identidad del yo: el yo y la sociedad en la época contemporánea.* Tradução de José Luis Gil Aritu. 3. ed. Barcelona: Ediciones Península, 2000, 299 p. Original Inglês.

GIDDENS, A. *Modernidade e identidade.* Tradução de Plínio Dentzien. Rio de Janeiro: Jorge Zahar Editor, 2002, 233 p. Original Inglês. (Biblioteca Básica)

GOFFMAN, E. *Frame analysis: an essay on the organization of experience.* Boston: Northeastern Universtity Press, 1986, 586 p.

GOFFMAN, E. *Les cadres de l'experience.* Tradução de Issac Joseph. Paris: Editions de Minuit, 1991, 573 p. Original Inglês.

GOFFMAN, E. *Manicômios, prisões e conventos.* Tradução de Dante Moreira Leite. 7. ed. São Paulo: Perspectiva, 2003, 320 p. Original Inglês.

GOFFMAN, E. *Relations in public: microstudies of the public order.* New York: Basic Books, 1972, 396 p.

JOHNSTON, H. Verification and proof in frame and discourse analysis. In.: KLANDERMANS, B.; STAGGENBORG, S. *Methods of social movement research.* Minneapolis: University of Minnesota Press, 2002, 62- 91 p.

RODRIGUES JR., A. S. Metodologia sócio-interacionista em pesquisa com professores de línguas: revistando Goffman. *Linguagem & Ensino*, v. 8, n. 1, 2005, p. 123-148.

SASS, O. *Crítica da razão solitária: a psicologia social de Herbert Mead.* 1992. 255p. Tese (Doutorado em Psicologia Social) – Pontifícia Universidade Católica de São Paulo, São Paulo, 1992.

SIMMEL, G. A competição. Tradução de Dinah de Abreu Azevedo. In: *Sociologia.* São Paulo: Ática, 1983a, p. 135-149. Versão Inglesa do original Alemão. (Coleção Grandes Cientistas Sociais, v. 34).

SIMMEL, G. Conflito e estrutura do grupo. Tradução de Dinah de Abreu Azevedo. In: *Sociologia*. São Paulo: Ática, 1983b, p. 150-164. Original Inglês. (Coleção Grandes Cientistas Sociais, v. 34).

SIMMEL, G. *Sociologia I: estúdios sobre las formas de socialización*. Madrid: Alianza Editorial, 1986a, v. 1. Original Alemão.

SIMMEL, G. *Sociologia II: estúdios sobre las formas de socialización*. Madrid: Alianza Editorial, 1986b. v. 2. Original Alemão.

# Violência escolar: percepção e repercussão no cotidiano da escola

*Célia Auxiliadora dos Santos Marra*
*Sandra Pereira Tosta*

Indignação! Perplexidade!

Estes foram os sentimentos iniciais que nos mobilizou a procurar entender o momento pelo qual a escola passa hoje, que tinge de vermelho as páginas dos jornais e as reportagens de televisão com os fenômenos de violência que tem exibido no seu interior ou no seu entorno, envolvendo seus atores: professores, funcionários, gestores, familiares e alunos.

A escola, em especial a pública, tem sido protagonista de vários episódios que têm preocupado a sociedade, principalmente as pessoas que nela se arriscam diariamente e também autoridades e pesquisadores. Entretanto, constitui preocupação também as instituições da rede de ensino privada que, a despeito do seu silêncio sobre a violência escolar, não tem conseguido impedir que sua clientela se destaque na mídia em atitudes de violência social, evidenciando que também essas escolas não estão imunes ao quadro de violência que se verifica na escola. Essa situação tem mobilizado esforços de muitos no sentido de construir alternativas de solução para o problema que se agrava a cada dia e que alcança níveis mundiais.

A escola, há poucas décadas, era um lugar aonde se ia para aprender, para encontrar os colegas, merendar e para brincar no recreio. Assim, ela abrigou nossos desejos e realizou parte das nossas fantasias. Os temores eram por conta da lição mal sabida e da intolerância de alguns professores. No mais, era um lugar que infundia respeito e segurança contra as agressões de colegas e contra as agressões externas, embora, internamente, xingamentos e castigos corporais fossem de aplicação costumeira em nome da manutenção da ordem e da disciplina.

Conviver com as arbitrariedades pedagógicas e culturais da violência simbólica a que se refere Bourdieu (1975) e com outras violências simbólicas porquanto camufladas, tais como a segregação e o preconceito, era situação comum para alunos e seus pais que, na maioria das vezes, não se davam conta dos efeitos nocivos e de longo prazo de tais atitudes, tampouco sabiam exatamente seus direitos como cidadãos.

A partir da década de 80, segundo Angelina Peralva (1997), a sociedade brasileira sofreu profundas mudanças com o processo de redemocratização do País que iriam repercutir mais tarde em todas as esferas sociais. Nessa conjuntura de mudanças, constatou-se o aumento da violência urbana, causada, entre outros fatores, pela desordem do processo de urbanização e da desigualdade social. A escola, ponto de convergência da representação de todas as camadas sociais também sofreu os efeitos dessa mudança.

Os reflexos da violência se fizeram sentir, primeiramente encenando-se nos seus portões e, depois, adentrando-se por suas dependências. De início, os episódios de indisciplina – conversas fora de hora, empurrões e bate-bocas, agressões mais verbais que físicas – antes um fato corriqueiro e integrado à vida da escola, toma outra direção e significado. E os raros episódios de agressões com pedras, lâminas de gilete ou outros instrumentos encontrados no próprio ambiente escolar aos poucos vão se avolumando, tornam-se mais complexos, "inovadores" e graves, e se entrelaçam de tal forma que já não se pode distinguir a violência que vem de fora ou a que se origina no interior da própria escola. O uso de armas de fogo e bombas caseiras potentes, facas e outros objetos cortantes, antes objetos estranhos ao ambiente escolar, agora invadem seu espaço.

A violência como fenômeno social não nos é estranha, porquanto seja histórica. O que tem nos surpreendido é a reprodução dessa violência no interior da escola, de forma explícita e terrivelmente ameaçadora, pondo em risco a integridade física e psicológica de todos os que nela estão e colocando em xeque as finalidades que justificam sua existência.

A escola contemporânea, contrariando sua função histórica de socialização dos indivíduos, está se colocando, cada vez mais isolada da comunidade que a cerca, pela adoção de várias medidas de proteção tomadas para conter a violência, a exemplo dos policiamentos, das cercas eletrificadas, muros altos, e que têm se mostrado ineficazes.

Antes, tais medidas, em especial os muros altos, eram esporádicas na contenção da violência externa que ameaçava a escola e seus alunos. Hoje, são medidas adotadas com certa desenvoltura e naturalidade pelas instituições de ensino em qualquer grau, incentivadas, muitas vezes, por políticas públicas.

Diante da situação, como pode a instituição sobreviver a este estado que deteriora suas relações internas e externas? Em que nível se estão a auto-estima e a motivação dos diferentes sujeitos escolares para participar da escola e cumprir seu papel?

Neste contexto, entendemos que o processo educativo se desenvolve no âmbito das vivências sociais e culturais – na esfera familiar, no trabalho, no lazer, na política, na rua, etc., e desenvolve relações sociais das quais emergem significados vários e diversos. Isto é, a escola constitui-se em um espaço de trocas sociais e culturais buscando construir um determinado projeto de ser humano, de sociedade e de educação.

Dessa maneira, a ação educativa na escola torna-se uma complexa rede de interações, lugares onde se estruturam processos de produção do conhecimento e de inter-relações entre dimensões políticas, culturais, institucionais e instrucionais. Onde está presente uma multiplicidade de significados e de sentidos relacionando dinâmicas permeadas por duas tensões fundamentais: uma entre o particular e o universal, e outra entre o singular e o plural (TOSTA, 1999). Considerando essa expectativa e o estado da escola, hoje, que futuro a aguarda se não nos debruçarmos sobre ela na tentativa de fazê-la acontecer?

Para ampliar o conhecimento sobre tal situação na esperança de apresentar pelo menos alguns elementos do fenômeno, ainda pouco visitados, que subsidiem a busca de respostas à indagação posta, é que optamos por desenvolver uma pesquisa que colocasse na pauta de debates a escola e sua dinâmica interna, examinando a possibilidade de existirem aí espaços esvaziados de interesse e de sentido para alunos, professores, gestores, pessoal técnico, pedagógico e de apoio que nela atuam e também para os demais membros da comunidade escolar e que podem fomentar o crescimento da violência de que temos notícia.

Vera Candau *et al.* (1999), refletindo sobre os riscos de banalização da violência escolar, denunciam a naturalização de atitudes violentas na sociedade contemporânea e a sua repercussão no interior da escola. Para as autoras, os atos violentos, de tão freqüentes, acabam por serem considerados normais, próprios da faixa etária dos alunos e de sua condição sociocultural. Normalidade esta que pode refletir negativamente na produção acadêmica no campo educacional.

A esse respeito, Marília Spósito, em 1998, constatou que desde 1980, foram produzidas 6.092 teses de doutorado e dissertações de mestrado e que apenas duas teses e duas dissertações examinaram a violência que atinge a escola. Esses estudos focalizaram a ligação entre a formação de gangues, o narcotráfico e a escola; a depredação escolar e a segurança das escolas estaduais. Somente de dez anos para cá, empurrados pela crescente onda de violência escolar, é que pesquisadores da educação e de áreas afins voltam seus olhares para a temática da violência.

É evidente, atualmente, que muitas pesquisas vêm enfocando a temática da violência na escola, não só de interesse da educação, como também de outras áreas das ciências humanas.

Neste contexto, a pesquisa que apresentamos intentou contribuir para a compreensão do fenômeno da violência escolar, centrando seu interesse na vivência de dentro da instituição, em todos os espaços possíveis, que não fossem somente a sala de aula, focalizando a percepção de seus diferentes atores sobre esse fenômeno e sua repercussão na vida da escola.

## O percurso da pesquisa

Para tal propósito, não antevimos outro caminho de investigação que não fosse a pesquisa de campo, de natureza qualitativa, para identificar, descrever e interpretar dados sobre a realidade da escola. E nada mais adequado para caminhar nos passos da escola do que percorrer o caminho do estudo de caso, modalidade emprestada pela Medicina e pela Psicologia à educação, para viabilizar a compreensão da unidade social em seus próprios termos, de forma holística, integrada e aprofundada.

Embora considerando de importância fundamental os indicadores quantitativos para se obter um mapa da violência em termos da abrangência e aceleração do fenômeno, muito se obtém da compreensão mais profunda de sua dinâmica, ainda mais se o observador tiver em vista conhecer prioritariamente, não o quanto, mas o como e por que a situação acontece. Esta dimensão pode-se efetivar através da abordagem qualitativa.

Optamos, assim, por uma abordagem que permitisse empreender um mergulho na vida cotidiana da escola para apreender de dentro e de perto, o mais possível, as diversas facetas de sua dinâmica social que pudessem conduzir a algumas respostas sobre a violência na escola.

Esse esforço em busca dos significados das discussões, dos gestos, das palavras, entonações de voz e outros aspectos, que permitiram a leitura do conteúdo simbólico subjacente a essas manifestações no interior da escola, traduz o processo de pesquisa como um "empreendimento intelectual", como nos ensina Geertz (1986). A vigilância permanente entre o risco do empirismo e o risco do racionalismo recomendada por Edwards (1997) e o diálogo permanente entre a teoria e a prática permitiram ampliar a compreensão dos aspectos da realidade interna da escola, sem perder de vista a dimensão macro em que esta realidade se insere.

Nessa perspectiva, esta pesquisa se ancorou também nos pressupostos do interacionismo simbólico para os quais a experiência humana é mediada pela interpretação em que os significados não são inerentes às pessoas e às coisas, mas lhes são atribuídos. São fundadores e não acidentais à experiência, como afirmam Bogdan e Biklen (1994). As pessoas agem como animais simbólicos que interpretam e definem e que só podem ser compreendidas através de métodos como a observação participante.

Justa Ezpeleta e Elsie Rockwell (1989) ponderam que não há como buscar no cotidiano uma lógica evidente porque as atividades se organizam de modo diverso, de acordo com o momento histórico e a ambiência em que se sucedem. E para se entender o cotidiano escolar, a investigação pesquisou as idéias de alguns autores que abordam o tema, a exemplo de Agnes Heller.

Heller distingue *o cotidiano do não-cotidiano*, caracterizando o *cotidiano* por referência à reprodução individual não refletida para a satisfação das necessidades como uma forma genérica de *em si*. Já o *não-cotidiano* se reporta à esfera do *para si* em que as reflexões do significado dos conhecimentos científicos são usadas para produzir e reproduzir ciência. Estas idéias permitiram que as percepções alcançadas sobre o cotidiano da escola pesquisada fossem analisadas, apontando categorias que falam do sentido que os interlocutores da escola atribuem aos fenômenos de violência ligadas às suas práticas escolares e as formas de conviver com ela (HELLER *apud* DUARTE, 2001).

Como *locus* da pesquisa, empreendemos uma busca incessante por uma escola pública, por ser a escola do "povo" e onde fatos de violência tivessem sido notificados. Uma escola pública estadual havia sido palco recente de agressões à bala entre alunos, em que uma delas resultou em morte. Foi esta escola que acolheu nossa proposta! Essa escola, cravada no coração de um bairro cuja população pode ser caracterizada como de média e baixa renda, faz limites com quatro aglomerados considerados de alta periculosidade devido ao intenso tráfico de drogas e as freqüentes brigas de gangues e de facções do tráfico. De uma forma atípica, a circunvizinhança, por medo da violência, com exceção dos filhos de operários de baixa renda, não freqüenta a escola, sendo sua clientela os alunos dos aglomerados vizinhos.

Encontrar a escola que aceitou participar da pesquisa não foi tarefa fácil, uma vez que, a exemplo de escolas da rede particular, as públicas também tentam camuflar a existência de fatos relacionados à violência, cerrando seus portões aos pesquisadores. A escola que acolheu a pesquisa nos surpreendeu pela permissão dada sem contestação. Mais tarde pudemos entender que essa aceitação sem restrições era uma forma de pedir socorro quando já não se sabia mais o que fazer.

O caminho metodológico adotado na pesquisa de campo incluiu a observação livre e a observação participante em todos os espaços da escola; as entrevistas individuais semi-estruturadas; as conversas informais, a escuta e a pesquisa documental necessária para a contextualização da unidade social pesquisada.

Devido ao clima de medo que dominava a escola, à época da investigação, houve por bem estabelecer entre pesquisadores e pesquisados um pacto de anonimato, sem o que não se teria acesso às pessoas, inclusive as que corriam risco de morte. Assim, também não foi possível definir grupos a serem pesquisados e então foram ouvidos todos aqueles que se dispuseram a colaborar com a investigação – alunos, profissionais, pais e vizinhos da escola.

A pesquisa cumpriu uma jornada de dois anos letivos na escola (2002-2004), com uma média de três horas de atividades, por dia, no turno da manhã, uma vez que o turno da tarde não estava funcionando e o turno da noite, curiosamente, segundo a diretora, era "*o que não dava trabalho*".

## Para se entender o conceito de violência

O primeiro impasse no entendimento do que fosse considerado como violência escolar, que servisse de ponto de partida da investigação surgiu da polissemia do conceito de violência que evidencia a impossibilidade de se obter um entendimento comum sobre o termo.

Nos dicionários, o conceito é tratado de maneira ambígua, considerando a violência ora como agressão física, moral e coerção a outrem, a exemplo do que se encontra no Novo Dicionário Aurélio da língua Portuguesa (1986); ora como força ou impulso, como se encontra no Dicionário Caldas Aulete (1964); ou mesmo como ação que atinge diretamente o corpo da pessoa, indiretamente alterando o ambiente físico ou danificando recursos materiais, como aborda o Dicionário do Pensamento Marxista de 1988 (*apud* CANDAU; LUCINDA; NASCIMENTO, 1999).

Outras considerações sobre violência abrangem desde uma concepção restrita ligada à agressão física e morte, a partir do que prescreve o Código Penal, até uma visão ampliada do conceito, que inclui a violência simbólica, camuflada sob aspectos aparentemente não-violentos, que não causa a morte física, mas concorre para outras mortes, quiçá mais prolongadas, sofridas e com maior grau de repercussão de danos invisíveis a terceiros.

Assim a zona limítrofe entre a violência e a não-violência se torna indefinida, podendo ser apontados apenas alguns elementos comuns.

Os estudos sobre violência escolar promovidos pelo Observatório Europeu de Violência nas Escolas reuniram pesquisas de diferentes países europeus, nos dão conta da dificuldade de se estabelecer um consenso em torno do conceito de violência e, conseqüentemente, em torno da violência escolar.

Eric Debarbieux, membro do referido Observatório, considera as venturas e as desventuras dessa palavra quando também se coloca diante de um impasse para considerar o que é e o que não é violência. Questiona, do ponto de vista epistemológico, o uso abusivo do termo para denominar fenômenos que são altamente díspares. O autor cita, como exemplo, Bonafé Schmitt que denuncia que ao conceito foi agrupada a agressão física, a extorsão, o vandalismo e também as falas ofensivas, a linguagem chula, os empurrões, os xingamentos e as humilhações, o que ele considera de grande abrangência, portanto geradora de confusão semântica e léxica (DEBARBIEUX; BLAYA, 2002).

Para Jean Claude Chesnais, a violência se concentra na agressão física, inclusive a sexual e que pode resultar em prejuízos irreparáveis ao indivíduo, exigindo uma reparação mediante a intervenção do Estado. Assim, exclui do conceito os danos ao patrimônio, resultantes de atos de delinqüência e vandalismo e também a violência simbólica ou moral, considerada de forte conteúdo subjetivo e ligada à questão da autoridade uma vez que ambas as situações não se caracterizam como violação da integridade física (CHESNAIS *apud* ABRAMOVAY, 2002).

Em estudos no Brasil, Spósito admite que a "violência é todo ato que implica a ruptura de um nexo social pelo uso da força" (1998, p. 60). Enfatiza também a necessidade de se estabelecer diferenciação entre violência e agressividade.

Nesta perspectiva, Lia Fukui sugere recorrer ao conceito estabelecido por Jurandir Freire que admite o termo para atos em que há o desejo de destruição. Sem esse desejo, as ações devem ser reconhecidas como agressividade e não violência (FUKUI *apud* ABRAMOVAY, 2002, p. 75).

Gilberto Velho (1996), abordando o tema, considera que no senso comum a violência nos remete ao uso da força física de indivíduos ou grupos contra os outros, não se limitando somente à força física, mas à possibilidade ou ameaça de usá-la. O antropólogo assinala nesse conceito a associação entre violência e poder, quando ressalta-se a possibilidade de um impor sua vontade aos demais, quaisquer que sejam os fins. Então, a violência enfatiza o poder.

A partir disso, Velho se afasta do entendimento de Hannah Arendt (2001), filósofa política, cujas idéias serviram, nesta pesquisa, de ponto de apoio para o entendimento da gênese da violência. Arendt, ao contrário de Velho, pontua o surgimento da violência onde o poder já não existe, por não ser mais consenso da maioria. Entretanto, ambos os autores são unânimes em apontar a violência como tributo pago ao individualismo social que impessoaliza as relações e, assim, rotiniza a violência, impossibilitando a troca entre seus membros.

Especificamente com referência ao conceito de violência ligada à escola, Debarbieux e Blaya (2002) analisam os avanços desses estudos nas pesquisas em dez países europeus e denunciam a negação do fenômeno por grande parte das instituições escolares e a dificuldade de se entender o conceito de violência escolar. Isto se deve não somente à questão semântica do termo, mas também à sua conotação política, sendo o termo, considerado radical por muitos países.

A tentativa de considerar termos mais neutros, tais como "perturbações escolares", significando alterações de comportamento dos alunos foi recusada pelos pesquisadores europeus por colocar no aluno o foco da responsabilidade e desconsiderar diversos fatores implicados no fenômeno.

A preocupação com o termo politicamente correto levou os pesquisadores a sugerirem a expressão "comportamentos anti-sociais", uma vez que o uso de termos considerados fortes, tais como "violência na escola" e "violência da escola", abrangeriam outras vertentes, como a "delinqüência", com implicações multidisciplinares, inclusive jurídicas (DEBARBIEUX; BLAYA, 2002).

Neste sentido, outra noção de grande relevância é a incivilidade, atribuída às agressões verbais e desrespeito, à intimidação ou ao *bullying*, como a denomina os ingleses. São as microviolências usadas para tentar definir o multifacetado fenômeno da violência que atinge a escola. A construção do objeto "violência nas escolas" em curso em muitos países da Europa tem criado a oportunidade para a convergência de pesquisas muitas vezes divergentes e, por isso mesmo, enriquecedoras como sugestão a novas questões e novos vocabulários (DEBARBIEUX *apud* DEBARBIEUX; BLAYA, 2002).

Dentre os autores brasileiros, Spósito nos ajuda a entender a violência escolar dizendo que é "aquela que nasce no interior da escola ou como modalidade de relação direta com o estabelecimento de ensino" (1998, p. 64).

Delinqüência, incivilidade, comportamentos anti-sociais, perturbações escolares, micro-violência, violência na escola, da escola, em meio escolar, violências escolares ou simplesmente violência escolar não muda, o quadro que se nos apresenta na escola atualmente em relação ao fenômeno da violência que a atinge.

Respaldado por esses posicionamentos, o termo violência escolar foi adotado na pesquisa relatada aqui, tendo como referência a definição de Spósito, para se evitar o risco de ter uma visão unilateral da realidade, o que facultou entender de forma globalizada o fenômeno que atinge a escola, contemplando a interface existente entre o que se considera a violência vinda de fora para dentro e a que se produz dentro da própria escola.

## A compreensão da dinâmica da violência

Para manter a fidedignidade dos fatos, fez-se necessário compreender a violência em sua origem e em seu funcionamento porque, como afirma Debarbieux, "as definições teóricas da palavra nada fazem além de assegurar sua legibilidade, ao passo que é na escolha de raciocínios, métodos e formulações que o pesquisador garante o 'controle teórico' das virtualidades semânticas dos conceitos" (DEBARBIEUX *apud* DEBARBIEUX ; BLAYA, 2002, p. 19).

Pelos estudos empreendidos até o momento, tendo como objeto de investigação a violência na escola, podemos constatar as várias facetas do fenômeno, observadas em suas partes tal como se observássemos as multifaces de uma pirâmide, sem entretanto chegar a desvendar seu mistério. E desses estudos não faltam conceitos e causas apontadas na tentativa de se dar conta do fenômeno da violência que abrange a escola.

Alguns conceitos são clássicos porque são considerados passíveis de penalidades pelo Código Penal; outros são abrandados sob o apelido de indisciplina, incivilidade ou microviolência. Pouco se aborda a violência simbólica, imperceptível aos olhos menos avisados.

Como causas apontadas estão a desintegração familiar, o uso e o tráfico de drogas, o abismo socioeconômico entre os mais ricos e os mais pobres, a insuficiência de políticas públicas de inclusão social, enfim, uma gama de causas amplamente denunciadas.

No percalço de um melhor entendimento, encontramos nas idéias de Michel Maffesoli e de Hannah Arendt o respaldo teórico sobre a gênese da violência que permitiu viabilizar o diálogo com a realidade da escola pesquisada.

Mafesolli, professor titular de Sociologia em Paris – V, nos estudos sobre a sociologia da vida cotidiana na França (1981-1987), se debruça na observação dos fatos pequenos e ainda obscuros do nosso dia-a-dia e conclui que as formas de socialização se baseiam mais em grupos que em indivíduos. Considera a violência como uma centralidade subterrânea que é sempre aquilo que se coloca na gênese da existência. Destaca três modalidades de violência e suas variadas formas de expressão, quais sejam: a violência totalitária, a violência anômica e a violência banal.

Considera como violência totalitária aquela dos poderes constituídos que obedece à lógica do dever-ser e tem em vista a planificação e o controle racionalizado da vida social através da norma e que traz como conseqüência uma classe de dirigentes que a tudo controla e induz a pessoa a um autocontrole e a um sufocamento de seus desejos e emoções. Se a tentativa de homogeneização nesse processo é maior, tanto mais fortemente eclode a violência que pode ser sanguinária e destrutiva como reação à imposição mortífera. A esta outra modalidade resultante desse processo, Maffesoli denomina violência anômica (1987), cuja força pode eclodir sob várias formas de agressividade que podem se tornar devastadoras. Paradoxalmente, sua função básica é construtiva porquanto seja fundadora, como forma de expressar o querer-viver social, um "não" ao conformismo, uma reação à sujeição e à dominação e que areja as formas reacionárias e obsoletas da vida social.

Maffesoli ressalta que a adoção da norma social pela qual a sociedade se organiza cria o centro e as periferias, ou seja, os que acatam e os que se colocam à margem. O bloqueio de um dos pólos – ou da ordem ou da desordem – que fundamenta a estrutura social gera uma tensão constante entre poder e potência até que se rompe e converge para um confronto. Nesse momento, a vazão do querer-viver social explode, em sua forma perversa, em violência generalizada, em confronto com o dever-ser instituído. Essa violência se manifesta em diversas formas de ilegalidade e em diversos atos de resistência à dominação, como revoltas latentes que se atualizam.

A violência banal, apontada por Maffesoli como outra forma de reação contra a dominação, constitui uma manifestação silenciosa, um distanciamento dos valores estabelecidos, sem, contudo, travar uma luta explícita. Nesse tipo de resistência, tem lugar a ironia, a comicidade, o silêncio, a tagarelice, os boatos, os grafites, as pichações e atitudes similares. É uma resistência solidária, expressa por submissões aparentes e que não exprime uma luta frontal contra os valores estabelecidos, mas se distancia deles, formando uma dissidência interior.

Segundo este autor, a negação do fenômeno da violência não diminui ou extingue sua manifestação; ao contrário, ignorá-lo significa perder a oportunidade de obter vantagens sobre aspectos que poderiam ser usados nas estratégias de conciliação de situações dissidentes.

Já nos estudos sobre a sociedade, Hannah Arendt (2001), ao abordar o fenômeno da violência, defende que o poder resulta da capacidade de as pessoas agirem em consenso. Quando o poder se desintegra, ele se individualiza e a violência se instala. Portanto a violência destrói o poder, não o cria, como acreditam autores como Weber e

Mao-Tse-Tung, segundo a autora. Então, todos aqueles que sentem perder a capacidade de agir coletivamente tendem a substituir o poder que lhes escapa das mãos pela violência.

Este modo de conceber a violência se ancora nos modos como ela pensa o poder, o vigor, a força e a autoridade como fenômenos distintos. A filósofa considera o poder como a capacidade de agir em conjunto; o vigor como uma vitalidade individual; a força como a energia liberada por movimentos físicos e sociais; a autoridade como o reconhecimento que não necessita de coerção ou persuasão, sendo destrutível somente pelo desprezo. Desse modo, ela se posiciona contrariamente à concepção da violência como fenômeno natural e justificado biologicamente na natureza do homem.

A violência é racional e instrumental porque necessita de instrumentos de coerção para fortificar o vigor individual. E é instrumental até quando seja eficaz no alcance dos fins que a justificam. "E, aquilo que necessita de justificar-se através de algo mais, não pode ser a essência de coisa nenhuma" (ARENDT, 1985, p. 28).

Quanto maior é a burocratização da vida pública, diz Arendt, maior será a atração pela violência porque é um domínio de ninguém, onde todos são igualmente impotentes, como uma tirania sem tirano e, assim, o declínio dos serviços públicos, fruto de processos de desintegração é resultado automático das necessidades da sociedade de massa que se tornam incontroláveis. Se o poder é a capacidade de agir em conjunto (ARENDT, 2001), a violência é que fortifica o vigor, essa propriedade individual, como um provar-se a si mesmo e que pode ser entendida como uma disposição endógena, até que evolua para a luta de um contra todos.

Finalmente, para a autora, a violência só tem sentido se for uma reação e tem medida, como no caso da legítima defesa. Se não for por isso, não tem sentido porque passa a ser um princípio de ação fundamentada na racionalização. A prática da violência assim concebida, com certeza muda o mundo, mas certo é também que a mudança é para um mundo mais violento.

Com o subsídio dessas considerações, pôde-se empreender com mais segurança a leitura dos dados sobre a violência escolar colhidos na realidade pesquisada.

## Os resultados da pesquisa

Os propósitos da investigação exigiram a organização dos resultados em dois blocos, atendendo-se às duas intenções fundamentais que inspiraram o título da pesquisa, sendo um deles sobre a percepção dos sujeitos escolares a respeito dos fatos de violência vivenciados na escola, e o outro sobre a influência desses fatos no seu cotidiano.

No primeiro bloco, as categorias foram definidas a partir do discurso dos diversos atores escolares e agrupadas segundo a natureza e visibilidade do fenômeno. Fugindo em alguns aspectos daquilo que na maioria das pesquisas tem sido considerado como violência escolar, resultou em três categorias:

- *A violência como desrespeito aos outros;*
- *A violência como ameaça e agressão seguida de lesão corporal;*
- *A violência como depredação de bens materiais e roubo.*

Estas categorias são fruto de observações e depoimentos de envolvidos e vêm comprovar o que ressalta Debarbieux, quando diz:

> [...] é um erro fundamental, idealista e anti-histórico acreditar que definir violência – ou qualquer outra palavra – consista em aproximar-se o mais possível de um conceito absoluto de violência, de uma "idéia" de violência que permita um encaixe preciso entre a palavra e a coisa. (DEBARBIEUX *apud* DEBARBIEUX ; BLAYA, 2002, p. 19)

***A violência escolar como desrespeito ao outro*** reuniu fatos de violência simbólica, um tipo quase imperceptível no quadro de violência explícita da escola, mas apontada por todos como uma violência escondida, porque não mostra sangue, não incorre em fatos passíveis de sanções dos Códigos Penais, mas, como um potente fermento, energiza de forma conflituosa e negativa as relações entre os envolvidos na escola.

Essa violência enquanto processo pode não ser percebida como uma violência, mas enquanto produto ela pode se tornar devastadora e irreconhecível. Nesse tipo, foram apontados como desrespeito ao outro os seguintes aspectos:

*A alta rotatividade dos professores*, denunciada pela diretora, como sendo da ordem de 80% no ano, por conta das transferências e interrupções de contrato de trabalho, e que interfere negativamente no cotidiano da escola. Tal descontinuidade no processo pedagógico dificulta o estabelecimento de um vínculo sócioafetivo e pedagógico entre alunos e professores, piorando o relacionamento interpessoal, prejudicando a execução de planos e programas e desestimulando a todos a se engajarem no trabalho. Constitui uma fonte formadora de energia negativa, que enfraquece a aliança pedagógica e abre portas ao desrespeito e ao descompromisso.

A *baixa remuneração de seus profissionais e carência de material de apoio ao trabalho educativo* foram apontados pela comunidade escolar como violência, aquela que consideramos como totalitária. Os baixos salários históricos dos professores, sem falar nos outros profissionais da instituição, nos dão a dimensão do discurso vazio que o poder público promove sobre sua valorização e que cada vez mais concorre para o desestímulo, para a sobrecarga de trabalho, para a perda de autoridade e para a inviabilidade de seu projeto educativo. A consideração da educação como um bem maior, solução para os males da sociedade e que povoa o discurso dos políticos acostumados a advogar em causa própria é facilmente desmentida simplesmente pelo salário pago a um professor que nem de longe alcança os bem-sucedidos empresários e os políticos nacionais.

O discurso de uma aluna, que ao se referir à professora, diz que "eles ganha quase igual ao salário. Eu posso ganhar isso num dia fazendo outras coisas. Melhor que ela" ou, ainda "esses professores só sabem chorar. Ninguém tem culpa dos ordenados deles ser ruim" dito por uma mãe de aluno, são falas que traduzem o desprezo geral pela profissão docente. O modelo de sociedade pragmática e consumista a que estamos submetidos vincula a autoridade ao reconhecimento também pela remuneração ligada à função. "O maior inimigo da autoridade é, portanto, o desprezo e a maneira mais segura de solapá-la é a chacota", diz Arendt (1985, p. 25).

A perda de autoridade dos professores, também por conta de sua desvalorização salarial, coloca em xeque a questão da ordem, propiciando que a desordem se instale, não só entre os alunos, mas também com a conivência de seus pais.

O poder público solapa o direito à cidadania dos alunos quando se coloca omisso quanto ao seu direito fundamental à educação de qualidade, que se faz, prioritariamente, com professores motivados para o trabalho educativo e com infra-estrutura escolar capaz de respaldar o projeto pedagógico. A escola denuncia a impontualidade de alunos e educadores, o absenteísmo docente e a conseqüente adoção de aulas duplas – arranjo feito juntando-se uma turma com outra para suprir as ausências – cujo resultado quase sempre acaba em aulas desinteressantes, ocupadas freqüentemente com a atividade de responder questionários de livros.

A falta de material de ensino, até o mais elementar, como as folhas para xerox, ou mesmo livros e impressos de escrituração escolar, aliada à escassez de verbas e à rigidez na sua aplicação observada, colocam a escola, situada quase no coração da capital do Estado, em estado de indigência, não fora a criatividade exacerbada de seus diretores e gestores.

Então, as aulas interessantes que os alunos demandam e recomendam para combater a violência, como se pôde ouvir nas entrevistas realizadas com eles, ficam muito longe de sua aspiração e aprisionam o aluno na escola, em submissão a modelos tradicionais de ensino, em pleno século XXI.

Esses são alguns dos fatores que atravessam a questão da violência escolar. Tal como o fogo, não se percebe a brasa sob as cinzas, até que o mais leve vento exponha as labaredas.

*A ingerência de outros organismos e pessoas no destino da escola*, segundo a percepção de grande parte dos entrevistados, também tem propiciado a perda da autonomia da instituição, sobretudo a autonomia disciplinária. Ela tem sido sistematicamente desautorizada por outras instâncias externas e, muitas vezes, estranhas a ela. A confusão do conceito de escola pública, decorrente das propagandas mal feitas, tem remetido a que seus usuários entendam que nela não haja normas a serem observadas. Então, não raras as vezes, a escola tem sido invadida também em horário de funcionamento, a pretexto de se passear por suas dependências, interferindo na sua rotina de trabalho. Em terreno de ninguém, todos mandam.

A falta de limites dos alunos e de alguns professores tem sido endossada por instâncias públicas que "não vêm à escola para conhecer a realidade dos fatos", como diz uma professora. As medidas disciplinares da escola, usadas com os alunos em casos extremos, a exemplo da suspensão temporária das aulas no caso das agressões verbais e físicas graves, são desautorizadas pelo Conselho Tutelar que ordena a recondução do aluno imediatamente para a sala de aula.

Então, com mais esta desautorização, a estratégia da escola tem sido deixar de agir nesses casos, engrossando assim a fileira dos alunos perturbadores e violentos.

Quem ganha com essa situação? Com certeza nem a escola, que perde o respeito e a confiança da comunidade, nem os alunos, que aprendem que as normas podem ser burladas com facilidade.

Por outro lado "a escola que está na cabeça do Estado não é a escola que nós conhecemos", diz o professor. Ainda outro acrescenta que "não podemos fazer o que é real porque o que é real para o Estado não é real para nossa escola". Daí não haver adequação entre o que a Secretaria de Educação exige e o que a escola realmente pode realizar.

O projeto "Amigos da Escola", de iniciativa da Rede Globo de Televisão em parceria com o poder público foi apontado pela maioria como aquilo que também "atrapalhou a escola". A comunidade foi estimulada a entrar em seu recinto e participar das atividades. Cheio de boas intenções, o projeto falhou em não ter ouvido a escola e, portanto, não ter envolvido nas decisões os profissionais que nela trabalham. A rejeição ao projeto, que se pôde notar, faz com que a instituição não tenha normas também para essa participação. O resultado é a intromissão de pessoas de fora, interferindo negativamente no cotidiano da escola.

Outro complicador da rotina tem sido o assédio da mídia que se adentra à escola, interessada em noticiar os episódios de violência acontecidos ali, sem muito cuidado na apuração dos fatos e contribuindo, assim, para estigmatizar a comunidade do entorno, que, por sua vez, tende a culpar e rejeitar a escola. Mas, para os adolescentes e os jovens, esse "IBOPE" talvez funcione como um reforço positivo que os coloquem no destaque que gostariam de ter.

Também a presença de algumas ONGs têm se mostrado negativa quando atropelam o planejamento da escola, inserindo às margens dele atividades não combinadas e planejadas. A escola, por não saber mais o que fazer ou por medo da repercussão de uma resposta negativa, nada faz para coibir esses abusos.

Assim ela vai perdendo o respeito diante de sua comunidade, o que aguça a desordem e o medo e aumentam as chances de eclosão de situações de violência.

*"Passar" o aluno sem saber* foi outra situação apontada pelos atores como violência escolar. A violência explícita e a simbólica, para eles se tornam simbióticas, indissociáveis, que podem ser distintas somente, não sem esforço, em relação ao que é violência causa e violência conseqüência. Aqui vale dizer que a violência gera violência.

O ponto considerado crucial converge para a revolta de alunos e professores com referência à aquisição de competências, especialmente para a leitura e a escrita. Não faltaram críticas à Escola Plural e seu processo de aprovação automática e também ao Projeto Sagarana, responsabilizando essas duas iniciativas pedagógicas pela frustração de alunos, pais e professores. Em decorrência disso, as conversas paralelas, chacotas, xingamentos, brigas e saídas de sala se transformam em ingredientes para o surgimento de violência mais grave.

Apesar dos "louváveis princípios de inclusão dessas iniciativas", na expressão dos atores escolares, elas se ativeram somente à permanência do aluno na escola e não necessariamente ao seu preparo dentro das competências exigidas em cada série e que lhe facultem utilizá-las principalmente no mundo do trabalho.

A tentativa de homogeneização do poder público, como afirma Maffesoli (1987), através da imposição de um modelo de escola, portanto não discutido e aceito, paulatinamente vai dando lugar à reunião de forças que impedem o êxito completo do modelo totalitário, muitas vezes, de maneira prejudicial.

A escola popular, ao contrário de acenar para o aluno com possibilidades de inserção no mundo do trabalho e melhoria de condição de vida, se coloca em direção oposta ao que lhe acena o tráfico de drogas.

De uma forma mais branda, a ausência e a inadequação dos cursos de aperfeiçoamento oferecidos pelo poder público, somadas ao despreparo socioemocional e afetivo dos professores e gestores da educação para lidarem com situações de conflito foram apontadas como concorrentes para o "não saber do aluno".

***A Violência escolar como ameaça e agressão seguida de lesão corporal***, outra categoria considerada, evidenciou o que Maffesoli (1987) considera como violência anômica, uma forma explosiva de manifestação contestatória de um estado de coisas insuportável diante da luta do querer-viver. Ou o que Arendt (1994) nomeia de violência propriamente dita, com sua característica instrumental e que também outros estudiosos, tais como Jean Claude Chesnais (1981), consideram ações passíveis de medidas corretivas e punitivas do Código Penal. Assim, nessa categoria se considerou violência escolar a ameaça, briga, roubo, palavrão e a lesão corporal, inclusive aquela com morte.

A força da *ameaça* ou intimidação de uns para com os outros, quer seja de alunos entre si, alunos contra profissionais da escola e de elementos de fora para com a comunidade de dentro, principalmente após a ocorrência de assassinato em seu interior, colocou a escola sob um clima psicológico ameaçador a ponto de colocar seus atores em um estado de alerta e de defesa permanentes.

A expectativa de novos fatos de violência tem mantido os alunos nos corredores ou com a atenção voltada para fora da sala de aula. Os professores, também atemorizados, se vêem desautorizados e impotentes para reverter a situação e restabelecer a ordem.

Os alunos expressam que qualquer intimidação, ainda que seja apenas por gozação, resultaria em atos explícitos de violência grave porque, já sob o domínio do medo, eles não têm mais nada a perder.

O estado de ameaça tem provocado o sofrimento prolongado fora da escola, justificando o abandono escolar, os estados de depressão e outros sintomas de doença psiquiátrica, o desinteresse pelos estudos, além de comportamentos defensivos e violentos, podendo ser deslocados, muitas vezes, para terceiros não envolvidos no conflito.

A *briga*, outra modalidade de confronto, integra o cotidiano da escola e solicita vigilância constante dos profissionais. Muitas vezes, começa no seu interior e tem repercussão grave fora dela ou retorna a ela de forma mais violenta, quase sempre com o respaldo das gangues e das facções do tráfico de drogas.

*As expressões chulas, os palavrões*, fazem parte do dia-a-dia dos alunos, embora saibam que, com eles, intimidam e afrontam a autoridade. Funcionam como a ante-sala dos confrontos corporais. Nesses embates, demonstram uma banalização da violência e expressam seu desprezo pela vida, demonstrando um destemor que traduz a ausência de uma boa causa a ser alcançada.

A propósito, Maffesoli afirma que "viver a morte de todo dia, talvez seja o que exprime melhor o que nós entendemos por intensidade e monotonia do presente" (1987, p. 52).

*Os furtos* também sempre existiram e integram a rotina da escola. Entretanto, foram citados como violência escolar porque, nessa comunidade já estigmatizada, dificultam as relações entre seus membros. Desaparecem pertences dos alunos e também da escola. Além do prejuízo, as acusações mútuas provocam, em geral, os boatos e as reações violentas de uns para com os outros.

*As lesões corporais seguidas ou não de morte* foram citadas como a violência mais apavorante, mesmo porque esse tipo de violência tinha sido vivenciado recentemente na instituição.

Os episódios de agressão à bala e morte de aluno vieram demonstrar pela pesquisa que a comunidade não tinha mais em quem confiar. Todos desconfiam de todos e a "síndrome do pânico" foi a seqüela mais evidente advinda dessa experiência.

A polícia passou a ser exigida diariamente para garantir a vida das pessoas da escola, a ponto de os professores se negarem, ainda que fosse por um dia, a dar aulas sem a cobertura policial.

A proteção tão almejada pelos atores escolares redundou paradoxalmente na eclosão de agressões físicas graves entre alunos e policiais no interior da escola, reeditando os episódios de violência que motivaram o pedido de assistência policial. Despreparados para essa função e sob o pretexto de fazer cumprir a ordem, esses policiais tiveram para com os alunos o mesmo tratamento dispensado a um marginal comum, conforme explicou o policial, que protagonizou juntamente com uma aluna, uma cena de agressão física.

Concordando com Claire Colombier, "a violência que as crianças e os adolescentes exercem é antes de tudo a que seu meio exerce sobre eles" (1989, p. 17).

*A violência escolar como depredação e roubo contra seu que patrimônio* foi apontada pela maioria dos entrevistados como algo que acontece freqüentemente na escola.

A *depredação*, em que se inclui arremessar carteiras nos colegas e nos demais profissionais da escola, arrebentar mobiliário por puro ato de vandalismo, depredar banheiros e outras instalações, são acontecimentos que têm deixado a escola em prejuízo material e com seu ambiente conturbado.

O *roubo*, parceiro da depredação, aparece na instituição como um fato intermitente no ataque ao prédio e ao patrimônio da escola, quaisquer que sejam as formas de combate. A contratação de uma firma de segurança para colocar alarme contra roubos foi necessária após sucessivas invasões e roubo de equipamentos da escola.

A *pichação e o grafite*, como fenômeno de violência na escola, traz em seu bojo opiniões divergentes.

Para os alunos, as duas formas têm o mesmo significado e não são consideradas como violência, mas como uma expressão artística. Entretanto, foi surpreendente saber que os alunos não consideram a pichação como violência em si mesma; somente é violência porque dela podem decorrer agressões.

E explicam que a pichação e o grafite são assinados com os codinomes de seus autores. Qualquer outra assinatura que se superponha à assinatura já existente significa, na maioria das vezes, a sentença de morte do autor da façanha. É que estas expressões culturais representam a própria identidade de seus autores e que não pode ser desafiada.

Para os profissionais da escola, a pichação e o grafite são considerados depredação de patrimônio, sendo, portanto, uma violência contra a escola e a comunidade. Confessam-se desestimulados em trabalhar num lugar com má aparência e que oferece a seus alunos um ambiente talvez semelhante à precariedade de suas próprias moradias. Assim, segundo eles, em vez de a escola funcionar como ambiente de tranqüilidade, pode significar para alguns a evocação do ambiente familiar, na maioria das vezes estressante, em que vivem e podem evocar respostas agressivas também na escola.

## A violência e sua influência no cotidiano da escola

A escuta do que ocorria antes na escola conduziu a pesquisa na descoberta de fatores que fossem relevantes para se entender as alterações no seu cotidiano. Entretanto, os mesmos fatores aventados como causas são também suas conseqüências, que por sua vez se tornam de novo causas e assim prossegue infinitamente, estabelecendo-se um círculo vicioso.

Os fatores que se tornaram relevantes a partir da freqüência com que apareceram nas observações e nos discursos dos diferentes atores escolares suscitaram questionamentos como: A escola pública é permissiva?

Esta argüição faz sentido porque, de forma generalizada, a escola é denunciada como autoritária, que sujeita seu aluno a ponto de lhe sufocar o dinamismo criativo do querer-viver.

Na escola pesquisada, a situação se mostrou inversa, em que principalmente gestores adotam um tipo de conduta com papéis indefinidos sem negociação de limites, condição imprescindível para se encenar a contento toda a trama da educação.

A escola, sob o pretexto de ser pública, e então aberta a todos, não oferece resistência a quem nela quiser entrar e, assim, faculta a que estranhos perturbem a ordem e ameacem os que são do estabelecimento.

Fatos disciplinares que em outros tempos eram considerados comuns, tais como obedecer a horários, cumprir tarefas escolares, portar uniforme e tantos outros, nesta escola não são cumpridos e são pouco cobrados. O saldo desta situação é a dissidência entre os profissionais e a confusão de papéis.

Percebe-se na escola, em especial, na gestão da diretora, um "não poder fazer nada", uma proibição tácita de não estabelecer limites, uma impotência diante de uma situação que não se pode organizar para funcionar bem. O despreparo profissional e o medo de retaliações contribuem para justificar a confusão de autoridade. São oportunidades que alunos e outros elementos da comunidade têm para fomentar o clima de violência que ali se estabelece.

O saber e o fazer dos professores também foram apontados como fator de alteração do cotidiano sob o clima de violência. O desprezo do Governo pela escola, com os baixos salários e pouca assistência material e pedagógica, as características da clientela provinda dos aglomerados com toda a sorte de carências e o despreparo profissional para lidar com ela, entre outros fatores, foram apontados como os mais graves.

A fragmentação do trabalho pedagógico, devido ao absenteísmo e mobilidade de docentes, o deslocamento de pessoal técnico-pedagógico para suprir a ausência de profissionais, a ausência de horários disponíveis para planejamento coletivo é outro condicionante da qualidade do trabalho do professor, cujo herdeiro é o desinteresse, o descompromisso e a falta de vínculo de alunos e professores para com a escola.

Em sala, foram constatadas as deficiências de ensino-aprendizagem já ressaltadas por outras pesquisas – aulas expositivas sem encantamento, os exercícios repetitivos e desinteressantes que concorrem para a baixa qualidade do ensino e para a frustração de toda a comunidade escolar. Então, a prática pedagógica desinteressante e o relacionamento inadequado entre professores e alunos são apontados pelos atores escolares como estimuladores de atitudes anti-sociais que evoluem para a violência propriamente dita.

A *organização escolar*, outra alteração destacada na pesquisa, foi contemplada com reclamações de todos os lados, principalmente no que se refere ao absenteísmo de professores que coloca a escola em situação desconfortável diante dos alunos, ainda mais que não há providências concretas para coibir o abuso. As aulas duplas, a rotatividade e a impontualidade de professores são um desrespeito aos alunos, que por sua vez se recusam a cumprir normas disciplinares elementares como chegar no horário e usar uniforme, mesmo sendo este doado pela escola. Tais fatos ocupam o tempo dos profissionais em achar uma solução para as transgressões, contudo sem a participação dos alunos.

Nesta situação, importa lembrar o alerta de Arendt (2002) para o perigo do poder não compartilhado se converter no seu oposto e ceder lugar a formas de violência banal que, repetida, se converte em violência anômica.

Outro destaque na pesquisa diz respeito ao *aluno e suas raízes*.

A metodologia de pesquisa permitiu traçar o perfil básico do alunado da escola, na tentativa de se entender a violência escolar. A expressividade dos depoimentos exibe suas condições de vida: a convivência com a ausência dos pais em casa, com a agressividade e a desestruturação de sua família, que os tornam dependentes e sujeitados pelo querer dos traficantes, demonstram pouco sentido de vida e esperança de futuro, além de terem a morte como rotina quase diária. Como confiar nas pessoas a partir dessa realidade?

Muitos alunos se prestam como "aviões" do tráfico de drogas, por intimidação ou por expectativa de ganho maior e mais fácil, e pertencem a facções que se digladiam. São pessoas, pais e filhos, coagidos pelos chefões do tráfico, em que a rebeldia é paga com a vida, mas que também aprenderam a intimidar e agredir para se defenderem. Estressados pelas baixas condições de vida, esse desgaste repercute em suas atitudes na escola. Agredir na escola gera *status* para os alunos.

Alguns deles vieram à escola com a expectativa de melhoria de condições de vida, outros nem sabendo o que foram buscar e um terceiro grupo que tenta apenas se manter matriculado para receber a bolsa-escola. Esses alunos sofrem a segregação por pertencerem aos aglomerados e a uma escola considerada de alto risco, sendo estigmatizados pela comunidade escolar, pela vizinhança e poder público, como confirmaram muitos depoimentos de alunos e de profissionais da escola.

Como eles próprios expressaram, necessitam vigiar constantemente os corredores para não serem pegos de surpresa como aconteceu com seu colega assassinado dentro da escola. Então o medo se torna um forte concorrente da freqüência às salas de aula, com prejuízo direto no desempenho escolar. Nestes casos, o que se percebe é que a escola deseja, mas não sabe conviver com a situação dos alunos, ainda mais que o poder público não lhe respalda com decisões compartilhadas e ações efetivas para conciliar os interesses.

Por fim, a atuação da *polícia, da mídia e do Estado* foi apontada nesta pesquisa como fator de perturbação do cotidiano escolar. A polícia se tornou uma exigência dos profissionais da escola, como forma de se proteger contra novas invasões por parte das gangues em guerra e contra os embates violentos dentro do próprio estabelecimento.

A relação dos atores escolares com a polícia é ambígua: desejam a polícia dentro da escola, mas a rejeitam também por considerarem que a escola é um espaço de educação e não de marginalidade, vigilância e punição. Os aparatos de segurança, tais como os muros altos e as cercas elétricas também não são uma idéia compartilhada por todos. Há quem considere que o respeito à escola não se consegue com providências que venham de agentes externos a ela.

A visão sobre a atuação da mídia também é contraditória. Qualquer que seja sua intenção, ela tem contribuído para comprometer a imagem da escola e dos alunos perante a comunidade. Ao se tornar conhecida, a escola o é por conta da sua violência, denunciada de forma exacerbada, o que afasta vizinhos e futuros professores. Assim, a escola torna-se um lugar aonde ninguém quer ir.

Debarbieux (2002) chama a atenção para a fantasia de insegurança provocada por tais divulgações midiáticas, com a intenção conservadora de aumentar a repressão e o controle social ilegítimo.

Segundo os atores escolares, o Governo começa a participar para "apagar o incêndio quando poderia ter evitado o fogo". A pretexto de abrir seus portões, ele usa a incapacidade da escola resolver os conflitos e se esforça para obter seu aval para a adoção de medidas controladoras.

## Considerações finais

As conclusões a que chegou esta pesquisa são fruto da observação da escola como um todo, de seus atores e da comunidade em seu entorno. A primeira conclusão desfaz a preocupação de muitas pesquisas, ao se constatar que fazer distinção entre violência escolar, em meio escolar, na ou da escola não se justifica para os participantes desta pesquisa porque eles consideram que convivem com fenômenos que não se distinguem por começarem dentro ou fora da instituição. São todos eles violência escolar (ou violências escolares).

De antemão, aquela situações que muitas pesquisas destacam como causas da violência, aqui, são todas consideradas como violência em si mesmas.

O conflito semântico sobre o termo, uma dificuldade acentuada por Debarbieux (2002), conduz à pergunta: violência para quem?

A exigência de se entender o conceito a partir do olhar dos atores escolares possibilitou concluir que há coincidências na conceituação do termo entre os atores ouvidos na pesquisa. Falar de violência é, antes de tudo, se colocar no ponto de referência do outro porque, a partir do discurso dos que sofrem a violência, podemos nos aproximar de uma significação a mais, capaz de ampliar o conceito, torná-lo mais polissêmico ainda, e oferecer bases para uma reflexão cada vez mais profunda e que possa conduzir a estratégias eficazes de negociação e conciliação. Descriminalizada ou não, violência para esses atores escolares diz respeito a tudo aquilo que se impõe ao outro, causando-lhe danos em sua integridade física, emocional e psicológica.

As denominações para os diferentes tipos de violência ajudam a perceber que, em verdade, a representação e definição do que seja violência, e que orienta toda uma gama de respostas agressivas se acha sempre impregnada de sentidos moldados a partir do tecido sócio-cultural, atravessado por outras tantas variáveis imediatas e também de cunho altamente subjetivo.

Assim, a violência explícita vivida na escola agrega desde a violação da integridade física psicológica lesiva, em que se incluem as agressões físicas com ou sem morte e as intimidações por ameaças, até a violação dos bens materiais por roubo e por atos de vandalismo, com exceção para as pichações e grafites, que têm representação diferente para alunos e para os demais membros da comunidade escolar. Para aqueles, é uma identidade que se auto-afirma e uma demarcação de território que não deve ser invadido sob pena de revide. Para os outros é vandalismo.

Os boatos também são uma modalidade de violência porque intimidam e provocam o outro, mobilizam sentimentos negativos de revides que facilmente são operacionalizados. A indisciplina, bem como os palavrões, gritos e também as gozações são apontados como violência explícita porque são potencializadores de violência de maior gravidade, a exemplo dos desequilíbrios emocionais severos e da morte.

A violência simbólica ou violência sutil, como expressou um dos professores, muitas vezes enrustida em discursos justificados e legitimados pela sociedade, abrange, desde a omissão do poder público para com a instituição, a ingerência dos organismos hierarquicamente superiores na escola, através da intromissão de projetos sem a anuência da comunidade escolar, até as ações e omissões da própria escola. O que em outros tempos se poderia camuflar, hoje tem seu rosto desnudado e reconhecido pela comunidade escolar como um desrespeito à pessoa e como exclusão de direitos de cidadania, através dos diferentes mecanismos que incorrem na falta de condições de a escola desempenhar a contento sua função.

Os fatores que desembocam em violência são conhecidos e repetitivos. O triste saldo imediato da violência desnuda a forma mais contundente que a sociedade tem para lutar contra a dominação quando outras formas de luta já não surtem mais efeito. Constitui uma desordem necessária para se estabelecer uma nova ordem.

As ações para conter a violência escolar que se apresentam no momento, embora inexpressivas, são mais corretivas que preventivas, a exemplo do policiamento dentro da escola. Outras estratégias bem intencionadas tropeçam no seu cotidiano, na maioria das vezes por estar em descompasso com o planejamento da escola, a exemplo das ações de algumas ONGs.

A herança de toda essa situação é o medo generalizado que impede os profissionais de exercerem a autoridade inerente à sua função. Assim as aulas são repetitivas, os alunos são agressivos e desinteressados, os profissionais da escola são desmotivados e despreparados para enfrentar a complexidade do ambiente escolar, a escola é estigmatizada e desacreditada, perdendo sua autonomia com a ingerência de outras iniciativas alheias a seu projeto político-pedagógico. O grande vilão da violência escolar é o mesmo vilão da violência da sociedade, ou seja, a exclusão social que forma um batalhão de pessoas cada vez menos favorecidas e que necessitam viver como outro ser humano qualquer, mesmo porque está sob o comando pulsional da preservação da vida.

Neste cenário, é certo que as políticas públicas voltadas para a valorização da educação devem incluir não somente a criação de escolas para "guardar" crianças, mascarando a realidade e aumentando o número de vagas para abrigá-las por uma fração determinada de tempo do dia, mas a qualidade do que se ensina, do que se precisa ensinar e se aprender e como se tem de aprender. E tudo isto não se consegue se não houver uma escola bem equipada e uma valorização dos seus profissionais, especialmente com salários condizentes com o grau de responsabilidade da tarefa educativa, aliados a um programa de educação continuada, negociado com os próprios interessados. Uma classe de educadores ferida em suas necessidades básicas de sobrevivência tem abalada sua motivação mais profunda, a ponto de "tocar" a atividade de qualquer jeito ou mesmo largar a profissão docente.

Nesse programa, se faria imprescindível aquele "algo mais" no preparo profissional reivindicado pelos gestores e pelos professores, que vai além da performance em conhecimentos e nas metodologias de ensino-aprendizagem. Esse algo mais seria uma assistência psicológica que promova a harmonização do educador consigo mesmo e que o prepare para lidar com as dificuldades do outro, notadamente com os alunos, já bastante comprometidos no seu desenvolvimento psicológico e sócio-afetivo. Também para os alunos uma assistência psicológica, aspirada por eles, poderia concorrer para ajudá-los a vencer suas dificuldades de relacionamento e convivência social.

Ao poder público, recomenda-se sair do discurso e proceder a uma aproximação e um diálogo estreito com a escola para conhecer sua dinâmica de funcionamento e, assim, traçar com ela os caminhos de sobrevivência digna e valorizada.

A realidade da escola pesquisada e as reflexões por ela propiciadas nos autoriza a afirmar que a violência faz parte do dinamismo social e que, portanto, não é extinguível, mas negociável, e inclui a participação de todos os envolvidos. Afirmar, também, que abrigar a polícia na escola não tem se mostrado uma estratégica eficaz para conciliar os conflitos. E, ainda, que nada pode justificar a ausência de limites dentro da escola, que incorre em confusão, indefinição de papéis e no estabelecimento da violência. Ou seja, é preciso estar atento à necessidade de preservação da autonomia da escola, através do respeito a sua participação no que deve recusar ou aceitar, sem o que a ordem não se estabelece.

E finalmente, a compreensão de que, mesmo insatisfeita, boa parte dos profissionais da escola pública está nela por opção e que o gostar de ensinar é sua maior motivação. Esta consideração pode inspirar a escola na adoção de estratégias de conciliação de interesses e na promoção da integração de propostas de desenvolvimento curricular e outros programas da escola.

Sem dúvida, o maior legado desta investigação foi a constatação da coragem de continuar que demonstram alguns profissionais da escola, apesar de todas as intempéries. Uma coragem própria dos fortes, que insistem na promoção do crescimento humano e da paz. Sem eles não haveria escola e, sem escola, como estariam nossos jovens e nossas crianças?

# Referências

ABRAMOVAY, M. *et al. Violência nas escolas.* Brasília: UNESCO, Coordenação DST/AIDS do Ministério da Saúde, Secretaria de Estado dos Direitos Humanos do Ministério da Justiça, CNPq, Instituto Ayrton Senna, UNAIDS, Banco Mundial, USAID, Fundação Ford, CONSED, UNDIME, 2002.

ARENDT, H. *Da violência.* 9. ed. Tradução de Maria Cláudia Drumond Trindade. Brasília: Universidade de Brasília: 1985; Rio de Janeiro, Relume-Dumará, 1994.

ARENDT, H. *A condição humana.* 9. ed. Rio de Janeiro, Relume-Dumará, 1994.

ARENDT, H. *Sobre a violência.* 3. ed. Rio de Janeiro: Relume-Dumará, 2001.

BOGDAN, R.; BIKLEN, S. *Investigação qualitativa em educação: uma introdução à teoria e aos métodos.* Porto: Porto Editora, 1994.

BOURDIEU, P. *O poder simbólico.* Rio de Janeiro: Bertrand Brasil, 2001.

BOURDIEU, P.; PASERON, J. C. *A reprodução.* Rio de Janeiro: Francisco Alves, 1975.

CANDAU, V. M.; LUCINDA, M. C.; NASCIMENTO, M. G. *Escola e violência.* Rio de Janeiro: DP&A, 1999.

CANDAU, V. *Escola e violência.* Rio de Janeiro: DP&A, 1999.

COLOMBIER, C. *et al. A violência na escola.* São Paulo: Summus Editorial, 1989.

DEBARBIEUX, E. (Coord.). La violence à l'école: approches européenes. *Revue Francaise de Pedagogie.* Institute National de Recherche Pedagogic, n. 123, avr./mai/juin,1998.

DEBARBIEUX, E.; BLAYA, C. (Orgs.). *Violência nas escolas e políticas públicas.* Brasília: UNESCO, 2002.

DEBARBIEUX, E.; BLAYA, C. (Orgs.). *Violência nas escolas: dez abordagens européias.* Brasília: UNESCO, 2002.

DEBARBIEUX, E. *La violence en millieu scolaire: l'etat des lieux.* Paris: ESF Editéur, 1996.

DUARTE, N. *Educação escolar, teoria do cotidiano e a escola de Vigotski*. 3. ed. Campinas, SP: Autores Associados, 2001. Edição revista e ampliada.

EDWARDS, V. *Os sujeitos no universo da escola*. São Paulo: Ática, 1997.

EZPELETA, J.; ROCKWELL, E. *Pesquisa participante*. Trad. de Francisco Salatiel de A. Barbosa. São Paulo: Cortez; Autores Associados, 1989.

FUKUI, L. Estudo de caso de segurança nas escolas públicas estaduais de São Paulo. *Cadernos de Pesquisa*, n. 79, p. 68-75, nov. 1989.

FUKUI, L. Segurança nas escolas. In: ZALUAR, A. (Org.). *Violência e Educação*. São Paulo: Cortez, 1992.

GEERTZ, C. *A interpretação das culturas*. Rio de Janeiro: Guanabara, 1989.

GUSMÃO, N. M. M. Antropologia e educação: Origens de um diálogo. *Caderno Cedes XVIII*, n. 43, dez. 1997.

HELLER, A. *O cotidiano e a história*. 6. ed. Tradução de Carlos Nelson Coutinho e Leandro Konder. São Paulo: Paz e Terra, 2000.

MAFFESOLI, M. *A violência totalitária: ensaio de antropologia política*. Tradução de Nathanael Caixeiro. Rio de Janeiro: Zahar, 1981.

MAFFESOLI, M. *Dinâmica da violência*. Tradução de Cristina N. V. França. São Paulo: Ed. da Revista dos Tribunais, 1987.

MARRA, C. A. S. *Violência escolar: a percepção dos atores escolares e a repercussão no cotidiano da escola*. São Paulo: Annablume, 2007.

PERALVA, A. Democracia, violência e modernização por baixo. *Revista Lua Nova*. Cedec, São Paulo, n. 40/41, 1997.

PERALVA, A. Na encruzilhada: a escola francesa entre o passado e o futuro. *Cadernos de Pesquisa* (Fundação Carlos Chagas). São Paulo, n. 82, 1992.

ROCKWELL, E. Reflexiones sobre el processo etnográfico (1982-85). *Documento de Investigaciones Educativas, Centro de Investigación y de Estúdios Avanzados*. México: IPN, 1987.

SPÓSITO, M. P. A instituição escolar e a violência. *Caderno de Pesquisa: Revista de estudos e Pesquisa em Educação*, São Paulo, n.104, 1998.

TOSTA, S. F. P. Antropologia e educação: tecendo diálogos. *Educação – Revista do Departamento de Educação da PUC Minas*. v.1, n. 4, 1999.

VELHO, G. Violência, reciprocidade e desigualdade. In.: VELHO, G.; ALVITO, M. (Orgs.). *Cidadania e violência*. Rio de Janeiro: UFRJ; FGV, 1996.

# "Complexo de Emílio".
# Da violência na escola à síndrome do medo contemporâneo

*Gilmar Rocha*

> *[...] não há perversidade original no coração humano*
> Jean-Jacques Rousseau

## O Paradoxo da Educação

Há uma pequena passagem em *Emílio ou Da Educação*, de Jean-Jacques Rousseau, originalmente publicado em 1762, na qual o filósofo explica a origem do medo nas crianças:

> Desde que a criança começa a distinguir os objetos, é importante que haja uma escolha daqueles que lhe são mostrados. Naturalmente todos os novos objetos interessam ao homem. Sente-se tão fraco que tem medo de tudo o que não conhece; o hábito de ver objetos novos sem ser afetado por eles destrói esse medo. As crianças educadas em casas limpas, onde não há aranhas, têm medo de aranhas, e esse medo não raro as acompanha até quando adultas. Nunca vi camponês, homem, mulher ou criança, que tivesse medo de aranhas.

> Por que, então, não começar a educação de uma criança antes que ela fale ou entenda, uma vez que só a escolha dos objetos que lhe são apresentados já pode torná-la tímida ou corajosa? Quero que a habituem a ver objetos novos, animais feios, repelentes, esquisitos, mas aos poucos, de longe, até que se acostume e, de tanto vê-los serem pegos pelos outros, também ela, enfim, os pegue. *Se durante a infância viu sem terror sapos, serpentes, camarões, quando adulto verá sem horror qualquer animal. Já não há objetos horrendos para quem os vê todos os dias.* (ROUSSEAU, 1995, p. 47, grifo meu)

Não é sem ambigüidade que o pensamento educacional de Rousseau se apresenta. Se, de um lado, a educação se constitui num dos mais poderosos mecanismos de combate ao medo, tornando possível a formação do homem livre, por outro lado, a crença inquestionada no poder de eliminação do medo, por meio da convivência com os agentes de sua origem, leva ao risco de sua "naturalização". O resultado pode ser a mistificação do medo, ou seja, sua transformação em um fenômeno rodeado de exageros e mistérios, caso não se produza uma crítica reflexiva da educação.

A sentença segundo a qual "já não há objetos horrendos para quem os vê todos os dias", é tão medonha quanto o seu contrário, pois o convívio orgânico e cotidiano com o medo e a violência acaba se tornando normal quando não natural. No extremo, essa situação concorre para a banalização do mal e, conseqüentemente, a sua normatização no mundo da vida cotidiana. O contrário, uma sociedade sem medo, é, ao menos na ficção, um mundo sem vida. Haja vista, as sociedades controladas de *1984*, de George Orwell, ou *Admirável Mundo Novo*, de Aldous Huxley. A verdade é que o medo produz adrenalina e, por conseguinte, a percepção e emoção de se estar vivo.

Portanto, o medo tem dupla face, se, por um lado, promove a servidão do homem, pensa Spinoza, por outro lado, a sua presença pode não significar, necessariamente, uma prisão. É o homem sem medo um homem livre? Ouso dizer, esse me parece ser o que aqui chamo de "Complexo de Emílio", ou paradoxo colocado pela educação: educar para libertar, educar para controlar. A verdade é que a educação como fim, em si mesma, antes de libertar e promover o crescimento do homem, torna-se uma nova "prisão de ferro".[1]

Espaço privilegiado nas sociedades contemporâneas para se pensar o papel da violência e do medo no processo da educação, a escola pode ser vista como uma espécie de *cronotopos*, no sentido bakhtiniano, no qual a violência e o medo dramatizados na educação moderna há tempos, nos revela, parcialmente, um amplo e complexo sistema de classificação social. Este texto tem como objetivo principal desenvolver uma pequena reflexão sobre a violência e, por extensão, o medo, a partir da escola com vistas à compreensão do significado da educação na sociedade moderna.

## A Estrutura da Violência

O problema central, ou melhor, a inquietação científica que orienta estas reflexões sobre a violência e o medo na escola e na sociedade, hoje, tem como premissa duas pesquisas realizadas recentemente em seis escolas da Região

---

[1] É importante ressaltar o quanto a educação tem sido pensada e colocada sob dois extremos, ora como forma de libertação, conscientização e direito na promoção da cidadania, ora como instrumento de alienação e reprodução da ordem social. Tais posições têm em Antônio Gramsci e Paulo Freire, de um lado, Louis Altusser e Pierre Bourdieu, do outro, alguns dos seus mais legítimos representantes no campo das Ciências Sociais e Humanas.

Metropolitana de Belo Horizonte e em sete cidades do Médio Vale do Jequitinhonha.[2] Observa-se, em meio a inúmeras questões e temas, que a violência e o medo envolvem o imaginário e o discurso de alunos, professores e moradores dos bairros e cidades envolvidas nas pesquisas. É notória a sensação de crescimento da violência desmedida nos últimos tempos e de que o medo passou a fazer parte do cotidiano das pessoas. Por exemplo, isto fica claro em uma das entrevistas realizadas nas escolas da periferia de Belo Horizonte:

> É! A praça aqui. A gente estudava aqui à noite, nós ficávamos doidos, ou "matava aula", ou ia embora mais cedo pra concentrar lá na praça porque "a gente" gostava muito e ficava lotado, mas a violência foi tão grande tantos tiros tanta coisa que tem acontecido a praça fica vazia, ninguém tem coragem de chegar lá por que tem muitos tiros e quase todos os dias, muita morte, *lidar com a morte aqui pra gente hoje infelizmente é uma rotina já não abala nenhum de nós não*, [...] Lidar com a violência pra nós é uma rotina, e aí não existe mais nenhum ponto de lazer, na minha opinião, aqui [...], *é justamente por causa dessa violência, porque*

---

[2] A primeira pesquisa "Escola, Violência e Drogas" foi financiada pela Organização Não-Governamental Terceira Margem – Prevenção e Pesquisa em Toxicomania (BH) e coordenada por Regina Medeiros. Um dos resultados da mesma foi a edição de um livro com textos produzidos pelos membros da equipe, ver ROCHA (2006a). A segunda, "Criança e Adolescente em Situação de Risco: Geração de Renda como Alternativa de Prevenção à Exploração Sexual Infanto-Juvenil no Médio Vale do Jequitinhonha", foi desenvolvida no âmbito do Projeto 18 de Maio, no Programa Pólos de Cidadania, vinculado à Faculdade de Direito da UFMG e contou com financiamento da Secretaria Especial de Direitos Humanos da Presidência da República. As cidades envolvidas na pesquisa são: Araçuaí, Comercinho, Itaobim, Medina, Padre Paraíso, Ponto dos Volantes e Virgem da Lapa. Até o momento, já foram publicados dois artigos produzidos pelos membros da equipe, ver: ROCHA *et al.* (2006b; 2006c).

*a gente tem medo, nenhum de nós tem coragem, não*, inclusive eu comentei com as meninas agora lá na cantina, se vocês acharem que é mentira, eu olhei no relógio e falei: "nó sete e meia! Será que o pessoal vai demorar? Daqui a pouco eu fico com um medo de ir embora", então é assim, *tem esse medo atualmente da violência, mas infelizmente a gente se acostumou com ela, é uma coisa muito triste de falar: "acostumar com a violência", é uma coisa que a gente devia lutar pra mudar, mas não "tá" na nossa competência mais, perdeu-se o controle.* [...] por exemplo, eles mataram [referência a uma pessoa da localidade] mas era traficante, na subida da rua aqui, e a aula soltou cinco e meia e os nossos alunos estavam todos lá, eu que tava saindo do [...] parei pra ver, e os meninos lá vendo [...], o sangue escorria lá embaixo e tudo, *naturalmente*, pra eles infelizmente, e os meninos da tarde são pequenos ainda [...] [3] (Grifo meu).

Triste paradoxo do efeito pretendido por Rousseau na educação de Emílio, pois se acostumar com a violência e tornar o medo um parceiro da vida cotidiana antes significa uma expressão de apatia do que um *ethos* corajoso. Mas, o que mais chama atenção nesse depoimento é a conclusão de que "se perdeu o controle" da situação. A propósito, como será visto à frente, não é outra a natureza do medo.

Dentre as instituições sociais que visam à reprodução da ordem social e à manutenção do sistema cultural (em sentido amplo) chamado Estado-Nação, tais como o exército, o direito, a igreja e a família, a escola constitui, no mundo moderno, a principal delas, é o que sugere Althusser e, de

---

[3] Por razões de ordem ética e por motivo de segurança, toda e qualquer referência a nomes de pessoas e aos locais que permitiam a identificação foram suprimidos dos textos preparados para publicação. Todas as "falas" citadas no texto, quando não identificadas, fazem parte do material coletado em campo.

certa forma, Bourdieu.[4] O fato é que a escola, tradicionalmente considerada um lugar sagrado – uma espécie de extensão da casa ou continuidade da educação iniciada em casa – perdeu nos últimos tempos a "aura", o respeito, enfim, a autoridade de "templo do saber". O diagnóstico de Lipovetski sobre a escola na *"era do vazio"* ultrapassa o sentido da metáfora para revelar-se uma dramática alegoria da ruína:

> A indiferença cresce. Em lado algum o fenômeno é tão visível como no ensino, onde, em poucos anos, com a velocidade de um relâmpago, o prestígio e a autoridade dos docentes desapareceram quase por completo. Hoje, o discurso do Mestre encontra-se banalizado, dessacralizado, em pé de igualdade com o dos media, e o ensino é uma máquina neutralizada pela apatia escolar, feita de atenção dispersa e de cepticismo desenvolto ante o saber. Grande desapontamento dos Mestres. É esta desafecção do saber que é significativa, muito mais do que o tédio, de resto variável, dos alunos dos liceus. Assim, o liceu é menos parecido com uma caserna do que com um deserto (ressalvando-se o facto de a caserna ser ela própria um deserto), onde os jovens vegetam sem grande motivação ou interesse. Portanto, torna-se necessário inovar a todo custo: sempre mais liberalismo, participação, investigação pedagógica, e o escândalo está nisso mesmo, porque, quanto mais a escola se põe a ouvir os alunos, mais estes desabitam sem ruído nem convulsões esse lugar vazio. Deste modo, as greves do pós-68 desapareceram, a contestação extinguiu-se, o liceu é um corpo mumificado e os docentes um corpo fatigado, incapaz de lhe devolver a vida. (1993, p. 37-38)

---

[4] A teoria da reprodução, defendida por Althusser, em *Ideologia e Aparelhos Ideológicos do Estado*, será aprofundada, de maneira sofisticada, por Bourdieu, na medida em que reconhece a importância da escola e da educação como mecanismos de transmissão e reprodução dos valores culturais de uma nação.

Não obstante a indiferença, as coisas pioram com a violência que não deixa de ser também uma forma de indiferença, na medida em que a violência é uma ação de não reconhecimento da diferença ou de respeito ao "outro". Em particular, no Brasil, a escola tem sido protagonista de uma triste história de violência no sentido mais amplo do termo.[5] Mesmo que os castigos corporais não sejam mais uma prática recorrente na pedagogia das escolas públicas brasileiras, não significa que tenham sido abolidos completamente da realidade de escolas espalhadas pelo vasto território nacional. Outras formas de violência se fazem presentes no dia-a-dia da educação. De um modo geral, o descaso das autoridades governamentais, a falta de infra-estrutura material, administrativa e de recursos humanos, as agressões físicas e verbais entre alunos e professores, o tráfico de drogas, as mortes nas dependências das escolas, etc., conferem um sentido muito negativo à educação no Brasil. Contudo, como mostram as pesquisas citadas, é preciso cautela, pois em muitas localidades a escola ainda exerce um papel importante na educação e socialização das pessoas da comunidade. Por exemplo, a escola surge como uma espécie de "ilha" que possibilita uma certa proteção garantida por um certo isolamento frente à realidade da qual o aluno é originário, ao menos esta é a avaliação de um professor:

> Eu acho que ela é o último refúgio daqueles que não querem ser violentos, mas só que quando ele chega na escola, ele vê que é apenas um lugar de convivência e [...] muito artificial não sente que aqui é um lugar que tem a credibilidade que a mídia tem, então

---

[5] É sabido que a violência permeou a formação da *Cultura Brasileira* desde os tempos coloniais, sendo suficiente lembrar o romance de Raul Pompéia, *O Ateneu*, de 1888.

> talvez ele venha aqui pra distrair, pra passar um momento de paz na vida dele, pra esses, eu "to" falando desse grupo que já "ta" em risco, já está em situação de risco. Mas aqui na nossa escola ele ainda não manifestou uma revolta, em cima da gente não, para com "a gente" não. Ele traz essa insatisfação no olhar, no semblante, nas reações talvez de volume de voz, na conduta da educação que 'agente' espera dele, ou que "a gente" quer passar para ele, até mesmo de inter-relacionamento, mas isto "a gente" vê que é mais um refúgio.

Um outro docente complementa: "a nossa escola, um dia desses à noite, nós falamos, ela é uma ilha de coisa boa, de um mar de coisa ruim". Visão também partilhada por inúmeros moradores e alunos. A educação, ainda, aparece, para muitos, como a única saída possível para os problemas tanto de ordem pessoal quanto nacional. Afinal, como se observa na fala de um outro professor, a relação indivíduo/educação não está, evidentemente, desligada do contexto nacional:

> Olha. Como eu te falei no início, aqui nós não temos muito esse problema não [referência à violência], mas o que eu escuto aí fora, eu fico arrepiado...Tem professores aqui que dão aula em escola pública, já me contaram casos de violência, assim um dia me contaram um caso que um professor foi tão ameaçado que a escola afastou o professor. [...] Então eu escuto coisas de arrepiar de de... quebradeira de droga dentro da escola mesmo, de passar, esta escola aqui é privilegiada nesse aspecto. Mas eu escuto problemas muito sérios de como esta violência tá... Tá... Como é que fala é... Tá sufocando e passando... como um problema muito grande para as escolas de, de... A escola não, a educação em termo geral, né? [...] Aí vai ser o fim da educação e nós temos que pensar como professores,

junto com os políticos que a educação é a principal saída para essa crise toda que nós tamos tendo aí... De corrupção e... Ainda mais exemplos de políticos dando esse exemplo de corrupção, o bandido vai falar o quê? Poxa, se nem os graduados lá, os formados lá que são políticos, advogados, fazem isso, porque é que a gente não pode fazer? Então esse exemplo vem de cima e... e os professores tão com esse peso, né, nos ombros de resolver isso e isso tem que vir da.. do governo, da política, do governo, de educação... Cada vez mais dando educação ao povo. O que acontece hoje no Chile, né, que tinha aqueles problemas muito sérios de violência, na China, na Índia. Você vê aí nas revistas direto que a educação é que é a saída e nós tamos com esse problema muito sério, pro Brasil resolver...

A verdade é que a violência, tal qual a própria educação, emerge como problema que, necessariamente, não representa uma anormalidade, um índice de "incivilidade", nos termos sociológicos de Norbert Elias. Ao contrário, nas sociedades tradicionais, a violência assume características de um código cultural que, como tal, ordena e orienta a moral e o comportamento das pessoas. O código de honra nas sociedades mediterrânea e brasileira é um bom exemplo. Assim, o fenômeno da violência, mais do que um problema relacionado à barbárie ou a determinada conjuntura histórica, se apresenta como sendo de ordem estrutural.[6] O imaginário da violência que hoje apavora o hemisfério norte, à primeira vista, parece ser uma realidade até certo ponto familiar às sociedades tradicionais como o Brasil. Contudo, somente a partir dos anos

---

[6] A visão da violência como um traço constitutivo da nossa formação cultural brasileira será identificado na análise de inúmeros cientistas sociais brasileiros como, por exemplo, Maria Sylvia de Carvalho Franco, Eduardo Silva, Ruben George Oliven, Alberto Passos Guimarães, Alba Zaluar.

1970 começa a ser desfeito o mito da índole pacífica do brasileiro, contribuindo assim para a percepção do aumento da violência na sociedade brasileira contemporânea. Este quadro se agrava com a crescente onda de terrorismo internacional, narcotráfico, guerras civis, conflitos étnico-religiosos. Inversamente ao processo civilizador, nosso tempo se caracteriza por uma crescente espetacularização da violência acompanhada da globalização do medo.

## O Estado contra a Natureza

O fato é que a sensação de medo acompanhada de uma percepção aguda da violência vem ganhando proporções imponderáveis no mundo atual. Os jornais, sem dúvida alguma, são os principais responsáveis pela "objetificação" do medo nas sociedades contemporâneas. As ondas de assassinato nas escolas norte-americanas e européias, as guerras de gangues nas comunidades populares no Brasil, freqüentemente, ganham as primeiras páginas ou as chamadas de abertura nos telejornais do horário nobre. Fenomenologicamente, o medo se personifica – sem esquecer que a *persona* é uma máscara social –, fazendo de uns, vítimas, e de outros, algozes. Muitas vezes sem poder dizer com precisão quem é vítima ou algoz, normalmente, os pobres, os negros, os jovens moradores de periferia, enfim, os excluídos, são eleitos os representantes mais legítimos das estatísticas de criminalidade na sociedade brasileira contemporânea.[7] Cronotopicamente, a escola, na

---

[7] As estatísticas apontam os jovens entre 15 e 24 anos de idade, pobres, negros, residentes em áreas consideradas de risco, como o principal alvo dos crimes de homicídio no Brasil. Algumas pesquisas mostram que a simples presença de indivíduos cujo estereótipo corresponde ao prenunciado pelas estatísticas transitando em áreas diferentes da de origem, é suficiente para provocar o medo nas pessoas.

medida em que ocupa um meio lugar entre a casa e a rua, emerge como um dos locais privilegiados hoje para a explosão de violência e de medo alimentados pelos conflitos entre gangues, tráfico de drogas, ou simplesmente, como a extensão de uma "guerra produtiva".[8]

A escola e, por extensão, inúmeros outros espaços da sociedade têm se tornado um imenso território do medo. Não estando, obviamente, desconectada do entorno espacial (e temporal), a escola acaba por se transformar na arena de muitos conflitos presentes na localidade. As disputas de território pelos traficantes, algumas vezes, explodem dentro da escola, mesmo que isto signifique um problema para o sucesso do negócio das drogas e exija a intervenção da polícia. E, para piorar a situação, a intervenção da polícia nem sempre representa a proteção do cidadão.

Próximo ao fenômeno das drogas e da violência nas escolas, a prostituição infanto-juvenil na região do Médio

---

[8] A retomada dos estudos sobre guerra, canibalismo, desenvolvidos pela etnologia ameríndia contemporânea parece marcada pelo "presente etnográfico" de uma sociedade que tem no crime, na violência, no tráfico de drogas, um papel "paradigmático". A etnologia ameríndia com seus estudos sobre a guerra e o canibalismo podem ser úteis e inspiradores para a compreensão do problema da violência, crime, tráfico de drogas, cada dia mais presente no cotidiano das escolas, em particular, e da sociedade, em geral, tendo em vista nossa dificuldade em compreender, por exemplo, um fenômeno tão complexo quanto a "guerra do tráfico" nas favelas cariocas. À exemplo das guerras indígenas, a destruição física do outro representa uma forma de produção simbólico-ritual de pessoas. Fica a sugestão de Fausto, segundo a qual a economia simbólica da guerra nas sociedades ameríndias "produzem pessoas e não objetos, que concebem a relação com o exterior como sendo necessária à reprodução interna e que se articulam com esse exterior primariamente por meio da predação. Ou, dito de outro modo, temos economias que predam e se apropriam de algo fora dos limites do grupo para produzir pessoas dentro dele. Sugiro que essa apropriação violenta, predatória e guerreira não deve ser pensada como uma forma de troca, mas sim como consumo produtivo, um conceito que retiro de Marx" (1999, p. 266).

Vale do Jequitinhonha revela um mundo de extrema violência. Das relações familiares às relações institucionais com a polícia, a violência e o medo se fazem presente na vida de muitas meninas da região. Embora longo, vale destacar o dramático depoimento de uma menina sobre o papel da polícia:

> As polícia daqui, ah... tem mais raiva é de nós, moça, porque nós somo pobre, né, moça, e eles... Tipo assim, se nós tá ali, sossegado ali, e acontece alguma coisa ali, eles vai procurar é nós. Eles fala que nós é que tá atentando, mas só que eles vê, moça. Eles dá, tipo assim, eles dá apoio pro errado. Eles num ajuda nós, não. Eles ferra mais nós aqui, ó, eles aqui, ó, o pessoal daqui. Nem policial eles num dá emprego nós. Eles pensa que nós é vagabundo e que nós é tudo. Que nós num tem como trabalhar. Mas num é não. Nós so... nós fala com eles aqui, moça, eles vai ali e pega um colega da gente. Chega dentro da casa da gente e invade sem ordem. Tem muitas que invade. Mas só que nós também não paga pau prá polícia aqui não! A mesma coisa que eles chegar gritando com nós, nós também grita com eles. Porque eles trata nós como cachorro, nós tam... Quem trata nós aqui como cachorro, nós também vai lá e trata como cachorro. / Mas pegar ladrão, assim, na hora, eles num vai e chega não. Eles fica de boa, moça, assim; quando eles quer, quando eles num tem nada prá fazê, eles vai e quer pegar as criança, assim, sem, sem flagrante sem nada, e quer quebrar, ó, quer bater sem dó. Tem muitos policial daqui, moça, que é muito irresponsável, num sabe, assim, sabe, conversar não. Eu falo é na cara deles, assim, moça, ô... Igual esses dia mesmo, aí, esses tempo atrás aí, pegou um colega nosso lá, aqui, ó. Nós tava sentado, assim, normal. Chegou já colocando o revólver ni nós ainda. Ni nós ainda! E pegou e mandou... e ficou batendo nele ainda de 12 ainda na cabeça, sabe, o re... espingardão.

Uma 12. Foi quebrando nosso colega, menina, foi quebrando. Pega inté de menor, moça, e quebra... uma criança de menor. Lá mesmo, ó na cadeia, lá tem um colega nosso que é pequeninim, um menino. Eles pegou e quebrou, moça, ó. Tá lá preso lá. Agora amanhã mesmo que nós vai lá, nós visita lá eles lá, visita meu irmão. Meu irmão mesmo que tá lá, ó... As polícia daqui é foda, moça...[9]

Guardada a distância espacial e científica entre a pesquisa sobre a droga e a violência nas escolas de Belo Horizonte e a pesquisa sobre a exploração sexual de crianças e adolescentes no Médio Vale do Jequitinhonha (MG), inúmeros problemas vividos e enfrentados por ambas as realidades se mostram muito semelhantes. Com efeito, mais do que um problema de conjuntura, a explicação para tal parentesco talvez se encontre na relação Estado e Sociedade no Brasil. Muito embora Wanderley G. dos Santos situe as "razões da desordem" (título de um de seus livros) da sociedade brasileira atual no quadro das sociedades em processo de transformação social acelerada, ele adverte para a aparente *imutabilidade* da situação quando a compara com outros países do hemisfério norte. Nessa perspectiva, deduz-se então que o "estado de natureza" vivido pela sociedade brasileira atualmente não parece ser condição nova. Haja vista a "impunidade" e a "versão mafiosa" operante no sistema social como duas das principais características da "cultura cívica predatória" do país.[10]

---

[9] Relatório de Pesquisa sobre a exploração sexual de crianças e adolescentes na Microrregião do Médio Vale do Jequitinhonha (MG), 2006, p. 58.

[10] Problema esse já identificado por outros intérpretes do Brasil, por exemplo, o antropólogo Roberto DaMatta. Nessa perspectiva, o estado de natureza hobbesiano parece nunca ter sido completamente suplantado nos "tristes trópicos", para usar a expressão de Lévi-Strauss. É, no mínimo curioso como a violência retratada no recente sucesso cinematográfico

Vista sob esta ótica, a escola, ao menos no Brasil, parece nunca ter obtido a eficácia pretendida desde Rousseau, ou seja, educar o homem para a liberdade.[11] Será este um limite (ou desafio não superado) colocado às sociedades tradicionais como é o caso do Brasil? A julgar pela observação de Lévi-Strauss, segundo a qual, certa vez, "um espírito malicioso definiu a América como sendo uma terra que passou da barbárie à decadência sem conhecer a civilização" (1979, p. 89), então, pensando no Brasil, faz-se necessário avaliar em profundidade qual tem sido a eficácia do Estado, da educação e da escola, nesses "tristes trópicos". Antes de libertar, a educação no Brasil parece estar a serviço da servidão. Triste ironia, e não seria surpresa se, sob os trópicos, Rousseau se revelasse hobbesiano, afinal, pode-se dizer, o civilizado é um lobo de si mesmo. Em suma, a aparente síndrome do medo que atinge a sociedade brasileira hoje, deixando-a literalmente doente, parece ter raízes endêmicas mais profundas. Uma pequena incursão pela história da modernidade, imaginada séculos atrás, ilumina o caso brasileiro.

## A Modernidade Imaginada

Ao lado do desenvolvimento material da sociedade moderna, a escola aparece como suporte estrutural do

---

"Tropa de Elite" ganha um sentido jocoso junto aos espectadores brasileiros. Essa observação surgiu a partir de uma conversa com o amigo Prof. Almir de Oliveira Junior, a quem agradeço este e outros *insights* sobre educação, violência e medo.

[11] Vale lembrar a advertência de Lévi-Strauss, ao menos no que se refere à escrita, segundo a qual "a função primária da publicação escrita foi a de facilitar a servidão", afinal, mesmo "a luta contra o analfabetismo confunde-se assim com o esforço do controle dos cidadãos pelo Poder. Pois é necessário que todos saibam ler para que este último possa dizer: ninguém pode ignorar a lei" (1979, p. 296).

processo civilizador. A propósito, Norbert Elias lembra que *De civilitate morum puerilium* (Da Civilidade em Crianças), tratado escrito por Erasmo de Rotterdam em 1530, pode ser visto como um texto de fundação das preocupações modernas em torno da civilização e, concomitantemente, da educação, pois antecipa em parte as preocupações de Comenius com sua *Didactica Magna* (1657). O fato é que, a partir do século XVI, a escola e a criança começam a despertar a atenção dos intelectuais, processo este coroado com *Emílio*, de Rousseau. Consoante ao espírito do processo civilizador e do "iluminismo romântico" de Rousseau, Phillippe Ariès nos fornece a síntese do processo disciplinar que marcou o desenvolvimento do sistema educacional no Ocidente em sua magistral *História Social da Criança e da Família*:

> Foi necessária a pressão dos educadores para separar o escolar do adulto boêmio, ambos herdeiros de um tempo em que a elegância de atitude e de linguagem eram reservada não ao colégio, mas ao adulto cortês. Uma nova noção de moral deveria distinguir a criança, ao menos a criança escolar, e separá-la: a noção da criança bem educada. Essa noção praticamente não existia no século XVI, e formou-se no século XVII. Sabemos que se originou das visões reformadoras de uma elite de pensadores e moralistas que ocupavam funções eclesiásticas ou governamentais. A criança bem educada seria preservada das rudezas e da imoralidade, que se tornariam traços específicos das camadas populares e dos moleques. Na França, essa criança bem educada seria o pequeno burguês. Na Inglaterra, ela se tornaria o *gentleman*, tipo social desconhecido antes do século XIX, e que seria criado por um aristocracia ameaçada graças às *public schools*, como uma defesa contra o avanço democrático. Os hábitos das classes dirigentes do século XIX foram impostos às crianças de início recalcitrantes por precursores que

> os pensavam como conceitos, mas ainda não os viviam concretamente. Esses hábitos no princípio foram hábitos infantis, os hábitos das crianças bem educadas, antes de se tornarem os hábitos da elite do século XIX, e, pouco a pouco, do homem moderno, qualquer que seja sua condição social. A antiga turbulência medieval foi abandonada primeiro pelas crianças, e finalmente pelas classes populares: hoje, ela é a marca dos moleques, dos desordeiros, últimos herdeiros dos antigos vagabundos, dos mendigos, dos "fora-da-lei", dos escolares do século XVI e início do século XVII. (ARIÈS, 1986, p. 185)

Do ponto de vista foucaultiano, a escola pode ser vista como uma espécie de "instituição total disciplinar", cuja função básica é a de produzir um novo homem, um indivíduo dócil, controlado e livre, porém, não necessariamente crítico.[12] Na verdade, este processo é parte de um quadro mais amplo de transformações sociais sustentadas pela utopia moderna da sociedade administrada, ou seja, a sociedade moderna controlada pela racionalidade científica, de um lado, e burocracia estatal, do outro. No "novo" mundo moderno, não há espaço para a ambigüidade, a desordem, a impureza, ou o conflito. O sonho da modernidade é o sonho do controle total, do combate à impureza e à indeterminação, eliminando a sujeira e a desordem. É o sonho de um mundo completamente classificado, nomeado, tão regularmente ordenado e tão ordinariamente previsível quanto o movimento elíptico dos planetas no Sistema Solar. Bauman observa que:

---

[12] Infelizmente, a imagem predominante da instituição Escola ao longo da história tem se aproximado mais das "instituições totais", de Erving Goffman, e das "prisões", de Michel Foucault, do que da experiência anarquista da pedagogia libertária de Ferrer.

As utopias modernas diferiam em muitas de suas pormenorizadas prescrições, mas em todas elas concordavam em que o "mundo perfeito" seria um que permanecesse para sempre idêntico a si mesmo, um mundo em que a sabedoria hoje apreendida permaneceria sábia amanhã e depois de amanhã, e em que as habilidades adquiridas pela vida conservariam sua utilidade para sempre. O mundo retratado nas utopias era também, pelo que se esperava, um mundo transparente – em que nada de obscuro ou impenetrável se colocava no caminho do olhar; um mundo em que nada estragasse a harmonia; nada "fora do lugar"; um mundo sem "sujeira"; um mundo sem estranhos. (BAUMAN, 1998, p. 21)

Poder-se-ia acrescentar um mundo sem violência e sem medo. A busca do controle total, a eliminação de toda e qualquer impureza e desordem, a negação dos híbridos, o desenvolvimento do planejamento racional com vistas ao controle do tempo futuro, a produção de um indivíduo autocontrolado, eis alguns dos objetivos pretendidos pela modernidade. E é dentro desse quadro que a educação e a escola irão trabalhar na produção desse novo homem, tendo a criança como objeto de modelagem. Filmes como *A Sociedade dos Poetas Mortos* (1989), cuja estória se passa na Inglaterra em fins da década de 1950, ilustram de maneira exemplar o ambiente soturno e "antipedagógico" (para os padrões de uma educação libertadora) da escola (internato).

Sustentando todo esse processo de produção de um novo indivíduo, bem como de controle e dominação da natureza e, por fim, contenção dos riscos, encontra-se a mística da propriedade privada que tudo pode.[13] Retomando argumento

---

[13] Vale lembrar que o conceito de risco surge com os navegadores exploradores do século XVI, durante a fase de expansão do capitalismo comercial na Europa.

desenvolvido anteriormente, pode-se entender a violência como uma forma de violação ao indivíduo e à propriedade:

> Considerando o fato da violência assumir representações tão variadas e sentidos distintos, sugiro que se veja na violência e sua relação com as noções de respeito e desrespeito um sistema de significados cuja compreensão sociológica deve ser vista á luz do desenvolvimento da idéia de propriedade na sociedade moderna, cujo sentido se aproxima da noção de patrimônio. Daí, se poder pensar na violência desde a depredação e pichação da arquitetura, passando pelos crimes contra o erário público, atingindo o saber legado pela civilização ocidental, até chegarmos na agressão física sobre o corpo. De um modo geral, o que parece subsidiar o sentido da violência é o sentimento de violação da propriedade privada, mesmo quando essa propriedade reside unicamente na posse e/ou integridade da "pessoa". (ROCHA, 2006a, p. 143)

Em outras palavras, o processo de construção do indivíduo moderno acompanha o desenvolvimento da noção de propriedade privada. A análise histórica da categoria "eu", realizada por Marcel Mauss, embora enfatize o lado moral da pessoa, nos convida a considerar a dimensão político-econômica, afinal, todo esse processo coincide com o desenvolvimento do sistema capitalista moderno. Nessa perspectiva, no ocidente, o desenvolvimento da noção de propriedade representa uma extensão da noção de pessoa. Diferentemente das sociedades tradicionais, Marx já nos ensinou que, no capitalismo, o indivíduo é reconhecido e valorizado pela quantidade de tempo de trabalho e de propriedade acumulada. Com efeito, a propriedade representa uma forma de dominação, de controle, enfim, de poder sobre a natureza e, por conseguinte, sobre a cultura. Assim, à exemplo da própria noção de pessoa, a propriedade, antes de ser um objeto é uma importante categoria de pensamento que organiza estruturalmente a cosmologia (do pensamento) capitalista. Considerando que a categoria de patrimônio envolve a noção de propriedade – objetificada material e imaterialmente, em termos econômico, arquitetônico, histórico, ambiental, genético –, toda e qualquer violação ou violência contra ela representa não só uma agressão à pessoa, mas também uma interferência na ordem e, portanto, uma possibilidade de desestabilização do sistema. Daí, toda e qualquer desordem no meio ambiente, no sistema escolar, nos bens históricos, etc., pode ser vista também como uma forma de violência porque na verdade trata-se de uma agressão a um patrimônio, a uma herança ou legado instituído como legítimo e, como tal, considerado sagrado pela sociedade.[14]

Assim, a relação entre o medo e a violência, entendida como forma de agressão ao patrimônio (nas suas mais variadas expressões), pode ser explicada na medida em que a ameaça à propriedade (privada, cultural, genética, histórica, ambiental, humanidade) constitui uma forma de ameaça a um tipo de patrimônio. Em outras palavras, a violência enquanto ameaça ao patrimônio provoca medo na medida em que representa uma forma de ameaça à ordem, à propriedade, ao controle, à integridade.

Com efeito, o desenvolvimento de uma pedagogia marcada pela disciplina dos corpos e da mente iria contribuir substancialmente para que tais objetivos fossem aplicados, sem que isso significasse atingir o sucesso pretendido.

---

[14] Na interpretação de Gonçalves, patrimônio enquanto categoria de pensamento envolve aspectos não só econômicos como estéticos, histórico, espiritual etc., pois "são, de certo modo, extensões morais de seus proprietários e estes, por sua vez, são partes inseparáveis de totalidades sociais e cósmicas que transcendem sua condição de indivíduos" (2007, p. 110).

É curioso observar o quanto o medo e a violência parecem inerentes à instituição Escola. Como bem lembra Tuan, o ambiente da escola representa uma primeira experiência de medo para as crianças que ingressam na instituição. Para começar, as crianças têm que aprender a lidar com um mundo novo: desde o ambiente barulhento, às relações com outras crianças e adultos estranhos, com os jogos de competitividade, com o ridículo das performances corporais, com o escárnio, o riso e o deboche dos mais velhos, etc. Assim, muitas são as formas de medo na escola. Por exemplo, medo de prova, medo do professor, medo de não aprender, pois representam, ao menos em um primeiro momento, situações que fogem ao controle, representam o desconhecido. Mas, paradoxalmente, o custo de eliminar a violência e o medo, na maioria das vezes, tem sido pago com a violência e o medo. Ao menos é o que tem nos "ensinado" a história da escola moderna. E a percepção de medo aumenta, pois, agora, a escola parece desconhecer os alunos que tem.

Só muito recentemente parte dessa história de acumulação de capitais (propriedade, meios de produção) e disciplinarização educacional começou, efetivamente, a ser contestada e diluída. A revolução estudantil de 1968 representou tanto uma profunda e contundente crítica ao sistema educacional quanto conferiu aos jovens um papel mais ativo e menos passivo na sociedade contemporânea. Agora, o jovem tem a expectativa de poder controlar o seu próprio destino.

A escatologia moderna do progresso, do domínio absoluto sobre as forças da natureza, da sociedade organizada, capitalista, mas "humanamente feliz" não se cumpriu. Ao menos, não para a maioria da humanidade. A razão moderna não cumpriu a promessa feita séculos atrás de pensar o mundo e a vida racionalmente. O Iluminismo, enquanto projeto das sociedades modernas, revelou-se um mito, pensam Adorno e Horkheimer.

A verdade é que, no "mundo líquido" de Bauman, a sociedade moderna já há algum tempo parece estar vivendo o Apocalipse, pois:

> Podemos imaginar que a maldição de nossa aterradora experiência de insegurança, que não mostra sinais de redução e aparentemente incurável, é o efeito colateral das, por assim dizer, "expectativas crescentes"; promessa singularmente moderna e a convicção generalizada que gerou de que, com a continuação das descobertas científicas e das invenções tecnológicas, além das habilidades adequadas e dos esforços apropriados, seria possível atingir a segurança "total", uma vida completamente livre do medo – que "isso pode ser feito" e que "podemos fazê-lo". Mas as ansiedades crônicas sugerem obstinadamente que tal promessa não pode ser alcançada – que "isso *não* foi feito". Quando isso se combina com a convicção de que tal coisa *poderia* ser feita, a frustração das esperanças acrescenta ao dano da insegurança o insulto da impotência – e canaliza a ansiedade para um desejo de localizar e punir os culpados, assim como de ser indenizado/compensado pelas esperanças traídas. (BAUMAN, 2008, p. 170, grifo do autor)

De fato, a modernidade não cumpriu as promessas de um mundo administrado, sem violência e sem medo, capaz de controlar o tempo e dominar a natureza. As ameaças naturais (catástrofes como o Katrina e a Tsunami) e sociais (principalmente o terrorismo), juntamente com a desproteção do Estado Social, que cede espaço ao Estado da Proteção Pessoal, adverte o sociólogo, cada vez mais a violência parece ocupar o dia-a-dia da sociedade contemporânea, não havendo mais a possibilidade do sono tranqüilo sem a companhia do medo como anjo da guarda.

## A (Des)Ordem do Medo

Fenômeno de ordem universal, presente em todas as sociedades e em todos os tempos, ainda assim a experiência da violência e a percepção do medo parecem ser marcas registradas da moderna sociedade capitalista. É frente ao projeto moderno de construção do Estado-Nação, que Hobbes irá denunciar a violência e o medo como constitutivos de sua época. Pois, como declara Renato Janine Ribeiro nas primeiras páginas de sua leitura de Hobbes, "é para homens que não querem morrer (como Hobbes, como a grande maioria de nós), é para que nós homens não queiramos morrer, que se constrói o Estado hobbesiano" (1984, p. 14). De certa forma, a explicação para a sensação de aumento da violência e da percepção do medo atualmente tem se apoiado na lógica das conseqüências involuntárias da (pós-)modernidade e da globalização.[15]

Com base na análise desenvolvida anteriormente, evoco os nomes da antropóloga social inglesa Mary Douglas e do antropólogo francês Marcel Mauss, herdeiros da tradição sociológica durkheimiana,[16] com suas análises

---

[15] Neste momento, tomo como referência a análise de Bauman (2008), como sendo de extrema importância para se compreender a "síndrome do medo" na sociedade contemporânea, fornecendo elementos inestimáveis para o desenvolvimento de uma teoria social do medo que, contudo, permanece no nível da "crítica".

[16] A tradição sociológica francesa de Durkheim influenciou a formação da antropologia social inglesa pós-malinowskiana, com Radcliffe-Brown, principal representante da Escola de Oxford, local de formação de Mary Douglas sem esquecer a influência de Evans-Pritchard, ele também professor de Oxford, sobre Douglas. Por sua vez, mesmo sendo considerando herdeiro

sobre os sistemas de classificação social, teoria cultural da percepção do risco e as categorias do entendimento humano, para lançar luz sobre os fenômenos da violência e, principalmente, do medo. Basicamente, os argumentos desenvolvidos por Douglas em seu clássico *Pureza e Perigo* (1976), originalmente publicado em 1966, *Risk and Culture* (1983) e *Como as Instituições Pensam* (1998), original de 1986; e, por Mauss, nas coletâneas de seus textos reunidos, no Brasil, fornecem os subsídios antropológicos para uma teoria social do medo, a ser desenvolvida no futuro. De imediato, sem desprezar a importância das análises históricas, filosóficas, políticas, psicológicas e antropológicas, na vertente das emoções, à luz da perspectiva antropológica de Douglas e Mauss, o medo pode ser visto como uma categoria de pensamento. Em outras palavras, antes de ser a expressão de um fenômeno exclusivamente psicológico ou fisiológico, uma espécie de "paixão" atávica do homem, o medo revela-se uma importante categoria de pensamento, pois mesmo sua manifestação em termos de sentimento requer uma socialização de significados para ser compreendido e aceito como tal. O que faz das categorias de pensamento (ou entendimento) como, por exemplo, tempo, espaço, liberdade, "eu", noções presentes em todas as sociedades e épocas, a "ossatura da nossa inteligência", na medida em que funcionam como mecanismo de classificação social por meio do qual se fornece um sentido para nossas experiências, pensamentos e sentimentos.

Durante o trabalho de campo realizado para a pesquisa da violência nas escolas, um aluno chamou a atenção para o problema da percepção e seus efeitos quando

---

direto da sociologia francesa de Durkheim, Mauss ultrapassa a abordagem do tio. O ponto a destacar nessa tradição são as preocupações com as representações coletivas, sistemas de classificação social e categorias do entendimento, ou seja, temas constitutivos da chamada antropologia simbólica.

destacou, com relação à estética da arquitetura escolar, o seguinte argumento:

> Ah, nosso colégio, ele é muito bagunçado. Você vai, é cada sala de jeito, cada pedaço da escada de uma cor, cada...Sabe, são detalhes que ajudam na harmonização do aluno. Tipo a escola que a gente foi em Brasília, era lindo, era tipo assim, o negócio era uma fazenda, tudo bem que era pra gente muito rica [...].
> (ROCHA, 2006a, p. 124)

À primeira vista, este seria somente um juízo (de valor) estético do aluno não fosse a sua observação aguda de que um ambiente desorganizado se volta afetiva e intelectualmente sobre o aluno. Assim, de imediato e em sentido amplo, a sensação de violência e a percepção de medo resultam da instabilidade ou desorganização dos sistemas sociais.

Giddens observa que "*a natureza das instituições modernas está ligada ao mecanismo da confiança em sistemas abstratos, especialmente confiança em sistemas peritos*" (1991, p. 87, grifo do autor). A desconfiança na eficácia das instituições sociais (direito, saúde, polícia, educação, etc.) aumenta a insegurança das pessoas, prenuncia uma situação de risco. É dentro desse quadro de referências que o medo se torna uma importante categoria de pensamento sobre os próprios sistemas de classificação criados pela sociedade moderna. Pois, sugere Douglas, "como é possível pensarmos sobre nós mesmos na sociedade a não ser usando as classificações estabelecidas em nossas instituições?" (1998, p. 105).

O medo provém da incapacidade de se controlar a situação. Tem-se medo de tudo que foge ao controle, seja na natureza, seja na cultura. Assim, seguindo as pistas do medo pela história, o medo primal da morte, as calamidades naturais, os animais selvagens, as florestas perigosas, os fantasmas mal-assombrados, a noite profunda, a doença contagiosa, a sujeira tabu, o monstruoso, o estranho, a multidão, a guerra, a cidade, enfim, a desordem provoca medo. O medo é parte de um sistema de classificação social o qual, todas as vezes que se desestabiliza, provoca nas pessoas a sensação de risco e/ou perigo. Sem desprezar os efeitos corpóreos e psíquicos oriundos da situação de risco, enquanto categoria de pensamento, o medo designa uma forma intelectual (e, evidentemente, emocional) de se colocar "ordem no mundo", ou melhor, produzir sentido para aquilo que à primeira vista não tem sentido algum. A ordem cosmológica do mundo é o resultado de um processo de institucionalização cognitiva que classifica, organiza, estrutura, regulamenta nossos comportamentos e pensamentos. Com base nesse princípio é que se pode compreender as diferentes manifestações de medo frente à natureza, aos animais, aos conflitos, etc. Em outras palavras, mesmo sendo universal, o medo varia social e historicamente, em função dos sistemas culturais em que está inscrito. Por exemplo, o medo de certos animais como as serpentes, não se deve à natureza da serpente, mas à maneira como é pensada, classificada em diferentes culturas; ou, o fato dos guerreiros espartanos admirarem a "bela morte" na guerra não impede que eles sintam medo de outros fenômenos.

Comte, Lévi-Strauss, Michel Foucault entre outros, perceberam o quanto a ordem, mais do que sustentáculo do progresso e controle de corpos e mentes, é também fonte de poder e, como tal, representa uma forma de controle e tentativa de dominação de uma determinada situação social. Mas Douglas, quem melhor apreendeu a significação antropológica da ordem e da classificação social a partir de sua análise da "sujeira", diz:

> Como se sabe, a sujeira é, essencialmente, desordem. Não há sujeira absoluta: ela existe aos olhos de quem a

vê. Se evitamos a sujeira não é por covardia, medo, nem receio ou terror divino. Tampouco nossas idéias sobre doença explicam a gama de nosso comportamento no limpar ou evitar a sujeira. *A sujeira ofende a ordem*. Eliminá-la não é um movimento negativo, mas um esforço positivo para organizar o ambiente. (1976, p. 12, grifo meu)

Em suma, o medo, do ponto de vista da antropologia simbólica, não está restrito ao mundo das emoções, sendo pouco explorada sua dimensão cognitiva.[17] Na verdade, onde há medo há sistema, pois é impossível compreender sua natureza e forma sem considerar um conjunto de elementos que sustentam o seu significado. Assim, falar de medo é falar de violência e risco, das relações entre ordem e desordem, dos conflitos entre a razão e a emoção, do sistema de oposição natureza/cultura. Muitas vezes visto como uma doença de nossa época, um mundo no qual tem predominado a ausência de regras, valores e normas orquestrando a sociedade, o medo torna-se um fenômeno contagioso, transforma-se em pânico.

O estado de anomia, ausência de normas, abre a porta do sistema para a entrada triunfante do medo. Por exemplo, a confusão de línguas, de raças, de etnias tem sido evocada para expressar o terror nas imagens clássicas de exploração na América a ficção cinematográfica *Blade Runner*, o *Caçador de Andróides*. Nessa perspectiva, a violência se torna uma linguagem facilmente compreensível no mundo

---

[17] Desafio este, de ordem epistemológica, que já começa pela dificuldade na tradução da "emoção" entre culturas diferentes como alerta Lutz, "*the process of translating emotional worlds involves then an explication of the theories of self and emotion in two cultures (such as the American theories and the Ifaluk) and an examination of the use to which emotion terms are put in concrete setting in each society*" (1988, p. 12).

de diferentes e desconhecidos, e a morte, o terror e o medo a sua resposta muda. Por sua vez, o excesso de ordem também gera medo, na exata medida em que a ordem cultural cede espaço aos apelos ideologicamente "irracionais" do totalitarismo ao justificar o terror como uma força natural da evolução histórica, como demonstra brilhantemente Hannah Arendt em *As Origens do Totalitarismo*. Nestas condições, o homem torna-se prisioneiro do medo, vítima da violência e filho da desesperança.

Por certo, a escola não está imune à desordem do sistema. Não é preciso muito esforço para destacar os momentos difíceis, desestabilizadores e agonizantes pelos quais a escola tem passado nos últimos anos. A situação se agrava na escola pública, principalmente, nas de ensino fundamental e médio. É suficiente destacar a conclusão de um professor de escola pública de Belo Horizonte, cuja fala expressa o sentimento de frustração e a sensação de impotência que invade a escola:

> ...Escola hoje é um grande engodo.
> – Engodo?
> – Engodo. A escola não ensina mais não, ela perdeu a função de ensinar quando ela virou depósito de aluno. O aluno aqui vem pra se alimentar, porque ele não tem uma comida em casa, o aluno vem aqui pra ele ficar fora de uma situação de risco e depois termina ficando em risco.

De um modo geral, as sociedades primitivas se caracterizam por ter medo, principalmente do sobrenatural (espiritual), ao passo que as sociedades modernas, tradicionalmente, apresentam medo do natural (p. ex.: biológico). Mais recentemente, um novo aliado juntou-se às paisagens de medo do mundo contemporâneo, além dos desastres naturais, os fenômenos culturais do terrorismo, a Aids, os conflitos étnicos, o narcotráfico, etc. Em um mundo onde todo mundo parece estrangeiro e tudo se torna estranho, incompreensível, vivemos rodeados de medo. Muitos têm buscado proteção, confiança e segurança nas comunidades fechadas dos condomínios de luxo, nas seitas religiosas, nas tribos urbanas, nos "orkuts". Mas, em certo sentido, a percepção de que a violência hoje é um fenômeno internacional e o medo uma fobia global é menos uma certeza do que uma dúvida, afinal, violências, medos, desordens, autoritarismos, etc., são velhos conhecidos das sociedades tradicionais espalhadas sobre a terra. Tomando emprestado o título de um brilhante ensaio de antropologia simétrica, Bruno Latour declara: *Jamais Fomos Modernos*.[18]

Inconclusamente, faço minhas as palavras de Tuan, "conhecer é arriscar-se a sentir mais medo. Quanto menos se sabe, menos se teme" (2005, p. 11). O medo é complementar ao conhecimento porque é, também, um momento em que nos colocamos à disposição do desconhecido.

## Referências

ARIÈS, P. *História social da criança e da família*. 2. ed. Rio de Janeiro: Guanabara, 1986.

BAUMAN, Z. O sonho da pureza. In: *O mal-estar na pós-modernidade*. Rio de Janeiro: Jorge Zahar, 1998.

BAUMAN, Z. *Medo líquido*. Rio de Janeiro: Jorge Zahar, 2008.

DOUGLAS, M. *Pureza e perigo*. São Paulo: Perspectiva, 1976.

DOUGLAS, M; WILDAVSKY, A. *Risk and culture: An essay on the selection of technological and environmental dangers*. University of California Press, 1983.

---

[18] Haja vista, o sentido do "tempo ibérico" na interpretação de Gilberto Freyre, para quem antecipamos a experiência da pós-modernidade em relação aos países industrializados.

DOUGLAS, M; WILDAVSKY, A. *Como as instituições pensam*. São Paulo: Edusp, 1998.

FAUSTO, C. Da inimizade: forma e simbolismo da guerra indígena. In: NOVAES, A. (Org.). *A outra margem do ocidente*. São Paulo: Companhia das Letras, 199, p. 251-282.

GIDDENS, A. *As conseqüências da modernidade*. São Paulo: Ed. Unesp, 1991.

GONÇALVES, J. R. S. *Antropologia dos objetos: coleções, museus e patrimônios*. Rio de Janeiro: Garamond, 2007.

LÉVI-STRAUSS, C. *Tristes trópicos*. Lisboa: Edições 70, 1979.

LIPOVETSKY, G. *A era do vazio: ensaios sobre o individualismo contemporâneo*. Lisboa: Relógio D'Água Editora, 1993.

LUTZ, C. *Unnatural emotions: everyday sentiments on a micronesian atoll & their challenge to western theory*. The University of Chicago Press, 1988.

RIBEIRO, R. J. *Ao leitor sem medo: Hobbes escrevendo contra o seu tempo*. São Paulo: Brasiliense, 1984.

ROCHA, G. A fala ensimesmada: para uma sociologia afetiva da escola. In: MEDEIROS, R. (Org.). *Escola no singular e no plural: um estudo sobre violência e drogas nas escolas*. Belo Horizonte: Autêntica, 2006a, p. 119-164.

ROCHA, G. et al. A exploração sexual de crianças e adolescentes no Médio Vale do Jequitinhonha. *Revista Pesquisas e Práticas Psicossociais*, v. 1, n. 1, São João Del Rey, jun. 2006b, p. 1-20. Disponível: <http://www.ufsj.edu.br/Pagina/ppp-lapip/volume1_numero1.php>.

ROCHA, G. et al. Violência e medo permeando a exploração sexual de crianças e adolescentes. *Psicologia em Revista*, Belo Horizonte, v. 12, n. 20, dez. 2006c, p. 193-213.

ROUSSEAU, J.-J. *Emílio ou Da educação*. São Paulo: Martins Fontes, 1995.

TUAN, Y.-F. *Paisagens do medo*. São Paulo: Ed. Unesp, 2005.

# Cinema e violência: uma análise de *Laranja Mecânica*, *Dogville* e *Cidade de Deus*

*Verlaine Freitas*

O modo como a violência é vivida internamente, assimilada a partir de padrões sociais, recusada a partir de preceitos éticos, etc., varia infinitamente nas sociedades, como também os veículos de que se servem os processos de formação individual para, tanto difundir quanto repelir essa mesma violência. É inegável que a cultura de massa, em várias de suas modalidades, como novelas, videogames, jornais e revistas, desempenha um papel decisivo nesse cenário, pois diversos produtos não apenas relatam de forma às vezes apelativa os casos de agressividade radical, como também posicionam crianças e adolescentes em um contexto lúdico em que os atos violentos são o ingrediente principal de longas horas de diversão na frente do computador. Por outro lado, nem todas as obras de indústria cultural que abordam essa temática o fazem de forma apelativa ou puramente comercial, pois inserem-na em um contexto de articulação imagético-imaginária que pode levar o espectador a uma reflexão de seu significado como um ingrediente na percepção de si e da realidade social de que participa. Desse modo, a cultura de massa deve ser analisada criticamente, tanto para demonstrar o quanto ela se serve da violência e a dissemina, como também para servir de objeto de reflexão enriquecedora.

Theodor Adorno, um eminente teórico da Escola de Frankfurt, dedicou-se a analisar detidamente a formação individual a partir da cultura de massa, como também a dimensão violenta da relação entre sociedade e indivíduo. Consideramos suas reflexões deveras significativas, principalmente por esclarecerem a dinâmica sócio-econômica de que se nutre toda a indústria cultural. De outro ponto de vista, entretanto, percebemos sérias lacunas e equívocos na ponderação acerca do embate entre forças, princípios e dinâmicas sociais e subjetivas, e afirmamos que é precisamente no vínculo entre desejo e violência que tais problemas teóricos adquirem especial clareza. Nosso propósito, nesse texto, não passa pela exposição, mesmo que sucinta, da concepção crítica de Adorno sobre a indústria cultural. Para o acesso a ela, além do próprio capítulo "Indústria cultural – o esclarecimento como mistificação das massas", do livro *Dialética do esclarecimento*, vários textos de comentadores podem ser indicados, tal como alguns dos presentes na bibliografia ao final desse artigo. Nosso objetivo é, em vez disso, apontar diretamente um núcleo conceitual que percebemos como falho na teoria adorniana da cultura de massa, para, em seguida, delinear de forma breve um ponto de vista psicanalítico que nos parece especialmente progressista e bastante potente na elucidação de elementos da constituição subjetiva, fundamentais para a temática da violência. Passaremos, em seguida, à análise de três filmes: *Laranja mecânica*, do diretor Stanley Kubrick, *Dogville*, dirigido por Lars von Trier, e *Cidade de Deus*, de Fernando Meirelles. Cada um deles gira em torno da violência, do vínculo entre indivíduo e sociedade, e da tensão entre o real e o ficcional. Tais temas, capitaneados pelo primeiro, mesclam-se de forma bastante instrutiva à sexualidade e à fantasia, que perfazem o núcleo de nossa releitura crítica dos conceitos de Adorno. Por fim, fazemos um apanhado de elementos comuns e contrastantes nas estratégias cinematográficas dessas três obras, a fim de concluir através de uma nova aproximação aos conceitos psicanalíticos.

## O desejo ausente

A Escola de Frankfurt é marcada enfaticamente por querer realizar uma crítica social em diversos planos e com diversos meios, desde a pesquisa empírica, de cunho sociológico, passando pela análise histórica, reflexões estéticas, até construções filosóficas bem sofisticadas e abstratas. É importante observar, em cada uma dessas etapas, a preocupação com a dinâmica de constituição da subjetividade, tanto em termos gerais, filosóficos, relativa ao sujeito do conhecimento e da ação moral, por exemplo, quanto ao papel que o indivíduo desempenha em cada contexto histórico. A *Dialética do esclarecimento*, escrita em conjunto por Adorno e Horkheimer, por exemplo, pode ser lida a partir da perspectiva crítica de como a subjetividade se constitui ao longo do desdobramento histórico do processo de racionalização, seja nas múltiplas faces do entrelaçamento entre poder e conhecimento, na experiência de mundo testemunhado pela epopéia grega, na formação da consciência moral iluminista e em seus detratores, como Sade e Nietzsche, na emergência da mentalidade anti-semita e, finalmente, na indústria cultural, em que o indivíduo, inserido na sociedade de massas, é sistematicamente enganado em relação àquilo que deseja das mercadorias culturais.

Sabe-se que a Escola de Frankfurt, em seu percurso transdisciplinar, obteve na psicanálise um ponto de apoio expressivo, posto que esta se dedica especificamente à dinâmica de constituição do sujeito psíquico, base para toda e qualquer forma de individualidade, seja a menos consciente de si, como nas tribos do paleolítico, seja na sociedade egocêntrica e consumista na contemporaneidade. Talvez os dois momentos mais marcantes desse diálogo sejam o capítulo sobre o Ulisses, da obra citada anteriormente, e o livro *Eros e civilização*, de Herbert Marcuse, em que o instrumental psicanalítico foi incorporado como elemento para a análise do objeto em cada caso, e não apenas alvo de comentário ou crítica. Como toda apropriação, esta também teve suas peculiaridades, conferindo-lhe a especificidade filosófica de acordo com o projeto social da teoria crítica.

A nossa tese mais geral é a de que Adorno faz uma espécie de curto-circuito entre a dimensão biológica, corporal, do indivíduo e sua determinação social, pensada a partir das múltiplas ameaças de ruína, e das formas historicamente constituídas de percepção de mundo, ou seja, conceitos, imagens, valores de toda a ordem, modelos de ação, etc. Falta a Adorno, e a bem dizer à filosofia em geral, um conceito minimamente bem estabelecido de fantasia inconsciente, que é o que circunscreve os desejos recalcados, fonte de toda a energia pulsional que move o ser humano, tanto em suas ações quanto na esfera da consciência. Em vez de falar das motivações a partir desse âmbito, o filósofo enfatiza ao máximo o entrelaçamento das determinações naturais e históricas, dizendo repetidas vezes que nada das primeiras é pensável sem as segundas. Além disso, a pulsão – compreendida por Freud como a força da energia psíquica, libidinal, ligada a uma representação psíquica, a um objeto bastante variável – é concebida por Adorno como sendo de natureza. O início do texto *Thesen über Bedürfnis* [*Teses sobre a necessidade*] é bastante claro a esse respeito:

> Necessidade é uma categoria social. Natureza, a "pulsão", está contida nela. O momento social e natural da necessidade, entretanto, não se deixam separar como secundário e primário, para então constituírem uma hierarquia de satisfações. [...] Toda pulsão é tão socialmente mediada, que sua naturalidade nunca aparece imediatamente, mas sempre apenas como produzidas pela sociedade. (p.392)

Esse entrelaçamento da naturalização do pulsional e sua mediação sócio-histórica são confirmados por Deborah Cook, quando diz que Adorno "procurou uma base material para seu trabalho sobre indústria cultural. A psicologia da pulsão (*Trieb*) de Freud forneceu-lhe uma tal base. Na medida em que são biológicos, os instintos ou pulsões são forças materiais específicas, que tanto modelam a história quanto são modelados por ela" (COOK, 1996, p. 1). Na *Dialética do esclarecimento*, essa circularidade é bastante enfatizada. Logo no início do capítulo sobre a indústria cultural, os autores querem refutar a tese dos defensores da cultura de massa de que "os padrões [recorrentes das obras] resultariam originariamente das necessidades dos consumidores: eis porque são aceitos sem resistência" (ADORNO; HORKHEIMER, 1998, p. 142). Para negar esta pretensa ligação entre os produtos e a demanda do público, que legitimaria a padronização, os filósofos dizem que

> [...] na verdade, isso é o círculo de manipulação e necessidade retroativa, no qual a unidade do sistema se fecha cada vez mais densamente. Cala-se, aqui, sobre o fato de que o solo, sobre o qual a técnica adquire poder sobre a sociedade é o poder daqueles economicamente mais fortes sobre a sociedade. (1998, p. 142)

Fica bastante claro que os autores querem negar que haja alguma espécie de enraizamento da cultura de massa em uma demanda subjetiva que fosse, por assim dizer, não falsificada, alheia ao processo de reificação, de objetificação dos sujeitos pela razão instrumental capitalista: "O descaramento da pergunta retórica: 'mas o que é que as pessoas querem?' Consiste em dirigir-se às pessoas como sujeitos pensantes, quando sua missão específica é desacostumá-las da subjetividade" (1998, p. 167). Aqui seria interessante lembrar que "sujeitos pensantes" também são desejantes, o que se liga à busca de prazer, mas que os autores pensam que estaria, mais uma vez, ausente na relação com os produtos de indústria cultural: "o que se poderia chamar de valor de uso na recepção dos bens culturais é substituído pelo valor de troca; em vez do prazer, o que se busca é assistir e estar informado, o que se quer é conquistar prestígio e não se tornar um conhecedor" (1998, p. 181). É preciso levar em conta a carga retórica dessas afirmações, pois é muito claro que apenas assistir também oferece um prazer, de modo análogo a como o prestígio também é uma forma de vivenciar um engrandecimento pessoal. Quando alguém chega em casa depois de longas horas de trabalho, senta-se no sofá da sala e liga o televisor simplesmente "para ver o que está passando", está indiscutivelmente em busca do prazer de ser um mero espectador, desconectado da seriedade do mundo, tal como qualquer um que vai a uma comédia busca o riso, ou a tensão dramática em uma peça de teatro, etc. Nessa medida, é evidente que existe a busca de um prazer, por mais que seja ligado a uma atitude de alienação, falta de compromisso político, preguiça intelectual, etc. Se perguntássemos aos autores sobre a dimensão subjetiva desse prazer, com certeza eles quereriam enfatizar que é castrado, mutilado, alvo de um processo de reificação e de anulação da subjetividade, tendendo a deixar de lado qualquer tentativa de ver o que há de propriamente humano nessa fuga de um prazer mais substantivo.

É interessante notar que as palavras alemãs que giram em torno da semântica própria a desejo/prazer/gozo: *Begierde, Wunsch, Wille, Lust zu, Lust an, Genuß*, ou são traduzidas na idéia de carência/necessidade (*Bedürfnis*), ou são inseridas em um contexto argumentativo dedicado a mostrar tudo o que caminha no sentido de sua anulação ou simples inexistência. A partir disso pode-se entender a posição de Adorno de que no processo de dominação da coletividade sobre os indivíduos,

> [...] na verdade, são mobilizados seletivamente aqueles mecanismos de defesa infantis que melhor se encaixam no esquema do conflito social do eu de acordo com a situação histórica. Somente isso, e não a muito citada realização de desejo, explica a força da cultura de massa sobre os seres humanos. (ADORNO, 1998, p. 74)

Embora possamos dizer com tranqüilidade que "mecanismos de defesa infantis" somente existam como elementos do próprio desejo, está muito claro que Adorno se interessa em mostrar que se trata de uma manipulação de determinados processos, como se estes fossem estruturas operacionais, "mecanismos" quase que automáticos, desprovidos da difícil carga subjetiva envolvida na noção de desejo, explicitamente recusada na frase seguinte. Via de regra, quando Adorno fala do inconsciente e das pulsões, tem-se a conotação de níveis, forças, conteúdos, necessidades, mecanismos, entre outros, e não propriamente o desejo, e muito menos seu delineamento a partir de fantasias inconscientes. Embora o filósofo diga da libido como algo pré-social (ADORNO, 1998, p. 27), pretende dizer, de acordo com o que vimos acima, da dimensão de naturalidade para a libido, que seria sempre mediada socialmente.

Podemos perfeitamente concordar com muito do que Adorno fala da orquestração do imaginário pelos interesses de manutenção do sistema, com a integração do indivíduo através do consumo de estereótipos para a definição de si mesmo de acordo com aquilo que o sistema gostaria. Entretanto, nosso ponto de vista é o de que nada disso teria a força que tem se não correspondesse a algo próprio dos desejos de cada consumidor da cultura de massa. Segundo pensamos, todo produto da indústria cultural deve ser pensado, sim, e enfaticamente, como realizações de desejo, por mais que a estrutura em que as imagens e sons apresentados façam parte de um contexto de reificação. O âmbito das relações sociais no qual cada produto da cultura de massa se insere não apenas "tolera as moções psicológicas como distúrbios do sistema, que devem ser integrados na medida do possível" (ADORNO, 1998, p. 89), mas sim responde a tais demandas desiderativas, satisfazendo-as em alguma medida. Embora seja inviável desenvolver nesse texto, podemos dizer, a partir da vertente da teoria psicanalítica em que nos inserimos, que a própria reificação – seja em que nível for – surge a partir das tensões psíquicas resultantes da lida com os próprios desejos inconscientes recalcados. Contra o primado da sociologia sobre a esfera psicológica, advogado por Adorno (1998, p. 89) e pelos demais membros da Teoria Crítica, somos partidários da idéia de que todos os fenômenos sociais, até os mais distantes da esfera individual, existem em função das demandas presentes no conflito do sujeito com seu próprio desejo. Precisamos, assim, delinear, mesmo que, de forma breve este fundamento inconsciente para a percepção de mundo.

## A raiz contraditória da subjetividade

Em primeiro lugar, importa marcar o espaço do inconsciente, não simplesmente como algo descritivo, adjetivo, que qualifica o que não é consciente, mas como algo substantivo, *o Inconsciente*, como dotado de uma dinâmica, uma espécie de localização e intensidade próprios, capazes de determinar os fenômenos conscientes. Junto a isso, precisamos indicar a dinâmica fantasística contraditória da origem do inconsciente, que é o que nos permite, também, escapar da leitura bastante corrente, compartilhada por Adorno e Marcuse, de que se trata de forças, impulsos, instintos, para os quais seria fácil atribuir intensidades, mas não qualidades, ao passo que estas se dão como especificações de determinados objetos (fantasísticos) aos quais o desejo se vincula. O mais fundamental para isso é a indicação de que a formação do núcleo da subjetividade se dá através da aglutinação imagética, imaginária, de excitações radicalmente incompreendidas e descontroladas na primeira infância. O ego não é um poder de síntese oriundo prioritariamente daquilo que se percebe ou se pensa,[1] mas fundamentalmente do impacto emocional proveniente do contato do bebê com os adultos ao seu redor, principalmente a mãe, e mais tarde o pai. Talvez a maior fonte de dificuldade para a aceitação do valor da teoria psicanalítica seja precisamente sua idéia de que os primeiros meses de vida são fundamentais para toda a estruturação do sujeito, e também que é nesse período que o impacto afetivo gerado pelas excitações corporais do bebê é mais significativo. Freud disse que nada do que ocorre no corpo do bebê está isento da possibilidade de ser excitante. Quaisquer sensações, sejam as internas, como as dores, a fome e a sede, sejam as externas, como a luz, o som e todas as carícias e toques dos adultos, particularmente o contato com o seio da mãe, são fontes de estímulos que nós dizemos proporcionarem ao

---

[1] Podemos ver esta origem marcadamente cognitiva na seção sobre o anti-semitismo da *Dialética do esclarecimento*. Cf. *Dialektik der Aufklärung*, p. 213.

bebê uma situação excitativa intensa, ao mesmo tempo prazerosa, mas também radicalmente ameaçadora. Este ponto é de crucial importância: é necessário levar em conta que o ego do bebê ainda é por demais frágil. Não existe uma instância de controle de todos esses estímulos, que são percebidos, assim, como nós de tensões que beiram o insuportável. A vivência sucessiva dessa situação provoca o que nós chamamos de inscrições psíquicas, através de traços mnésicos constituídos por *flashes* de sons, cores, figuras, etc. Cada um desses pontos ficará incrustado no aparelho psíquico, sofrendo sucessivas metabolizações, de modo a tornar minimamente coerente a trama de energia afetiva que trafega por eles. Entretanto, por mais que sejam digeridos, sempre haverá uma espécie de núcleo refratário às tentativas de traduzir em uma linguagem coerente o quão ameaçadoras e violentas foram as excitações que resultaram nessa teia de representações fantasísticas. Forma-se, por assim dizer, um "corpo estranho interno" (LAPLANCHE, 1992), que exercerá um fascínio infinito durante toda a existência, ao mesmo tempo em que deverá ser rejeitado em função da lembrança de dissolução do ego que representa. Esse choque de atratividade e de repulsa, que caracteriza propriamente a dinâmica do recalque, aponta para uma característica humana de crucial importância: nós somos estranhos ao núcleo contraditório, antinômico, de nosso próprio desejo. Antes de colidir com a sociedade, com a natureza e com a cultura, o ser humano colide com aquilo que ele mesmo deseja ardentemente.

 A partir da colocação dessa idéia de um poder atrativo perene a partir do substrato mais profundo do inconsciente, dizemos que toda a vida psíquica a partir da consolidação do ego consistirá na formação de soluções de compromisso entre a unificação narcísica do ego e o mar de excitações ligadas a fantasias soterradas, mas ativas, no inconsciente. Uma idéia bastante importante é a de que não existe como os desejos inconscientes serem absolutamente satisfeitos, mas também não absolutamente negados. Mesmo a recusa mais categórica de qualquer tipo de satisfação de desejos especificáveis, de cunho explicitamente sexual ou outro qualquer, corresponderá às demandas do inconsciente em termos de necessidade de assimilação contínua e eterna do núcleo contraditório da subjetividade. Em termos bastante paradoxais, podemos dizer que a negação do desejo faz parte do próprio desejo, uma vez que a raiz de todo ímpeto desiderativo, de toda pulsão, é contraditória, contendo sempre princípios motivacionais a favor de sua realização e contrários a ela, dado que sua origem é ela mesma contraditória, ligada a um grau de excitação máxima, mas que se aproxima mimeticamente de forma perigosa da morte psíquica. Como exemplo, podemos dizer que a ascese religiosa mais radical, praticando a castidade vitalícia e a recusa de infindáveis fontes de prazer, ainda é uma fonte de gozo bastante expressiva, ligada ao investimento nessa unificação narcísica do ego. Diante disso, vemos que a vida psíquica consiste em deslizes, deslocamentos, vínculos associativos de um número indefinido de elementos subjetivos: derivações metafóricas e metonímicas agrupáveis sob a idéia geral de processos de simbolização, em que ações, imagens, princípios e idéias se sucedem, alternam, substituem-se um ao outro, às vezes de forma total ou parcial, sempre de modo a satisfazer, em parte, a necessidade de metabolizar o conflito que está na raiz da constituição do aparelho psíquico.

Toda realização de desejo, *Wunscherfüllung*, significa para o sujeito, em sua ligação com um determinado objeto, uma retomada da dinâmica associativa contraditória do processo de recalcamento infantil, de modo a, mais uma vez, tentar assimilar, compreender a si mesmo como um ser desejante. Realizar um desejo significa vê-lo cristalizado como uma *res*, uma coisa, algo tangível, visualizável, atenuando, mesmo que de forma bastante precária, a percepção difusa, caótica, antinômica, do próprio desejo. Todo gozo é sempre também uma tentativa de entender porque se precisa gozar. Segundo pensamos, toda a cultura de massa deve ser entendida prioritariamente a partir dessa demanda subjetiva.

Os filmes que comentaremos a seguir foram escolhidos em função do fato de enfocarem algo ligado à percepção mais íntima que todos nós temos de nossos desejos inconscientes: *a violência*. Todo esse caos contraditório de que falamos acima possui inumeráveis facetas, mas a de que se trata de algo ameaçador, perigoso, violentamente forte, é um componente de crucial importância para determinar a instabilidade própria de toda constituição psíquica. Além disso, cada filme, a seu modo, insere essa temática na dualidade entre o real e a ficção, sendo interessantes na medida em que apontam as dificuldades de equacionar esse excesso transbordante das raízes inconscientes do desejo. É também significativo o vínculo enfático com a sexualidade, trazendo para o primeiro plano conexões proveitosas de um ponto de vista psicanalítico. Todo esse interesse, entretanto, não deve ser confundido com um outro, relativo ao valor estético das obras. Por mais que possam ser expressivos em termos de conexões imagéticas e simbólicas no sentido que apontamos, a nossa avaliação geral é de que falamos de três exemplos de cultura de massa, e não de obras de arte em sentido estrito. Particularmente os dois primeiros, *Laranja mecânica* e *Dogville*, seguramente não fazem parte do *mainstream* da indústria cultural dos estúdios de Hollywood, mas isso não nos leva a dizer que não sejam cultura de massa. Vejamos por quê.

## *Laranja mecânica*, ou a domesticação *kitsch* da violência

O filme de Stanley Kubrick, de 1971, é bastante marcado pela ambientação onírica, que, embora não esteja presente o tempo todo, ocorre em todos os momentos em que o diretor quis marcar excessos, características bizarras, tanto visuais quanto narrativas, sonoras e também do caráter dos personagens e seu vocabulário. A cena inicial é bastante clara nesse aspecto, na medida em que introduz o espectador na atmosfera *kitsch* de um bordel com sua assepsia bizarra e futurista. A fixidez do olhar do personagem principal, o prolongamento estranho do enfoque dado pela câmera, o plano de fundo negro contrastando com a ausência de cor para as coisas que estão no recinto, tudo aliado ao tom de voz jornalístico e ao mesmo tempo amigável de Alex permite pressentir a libertinagem pueril e mordaz com que o espectador irá se regatear ao longo do filme.

Trata-se de uma estética do excesso, da saturação imagético-imaginária: o tempo todo há uma forma extrema de experimentar uma sensação, uma idéia, uma reação. Ao mesmo tempo em que tudo é vivido sempre como nitidamente hiperbólico, claramente irônico, temos as portas abertas para a realização de fantasias: o lúdico é um pretexto bastante eficaz para assumir tendências, desejos e fantasias vergonhosas. O princípio associativo é o seguinte: na medida em que se detecta a liberalidade lúdica em relação às imagens, aos sentimentos, às idéias, ao mundo, enfim, obtém-se uma espécie de álibi para a fruição da situação ou obra com o grau de realidade subjetivamente desejada. Tudo pode ser deixado como está, sem que lhe concedamos um valor significativo, ou, no outro extremo, pode ser vivamente investido, de modo que mergulhemos nesse universo sem ter de prestar contas a uma censura que seria bem mais proibitiva se o que é vivido estivesse sob o estigma de ser realidade. A transposição para o lúdico conecta-se intimamente às demandas subjetivas e inconscientes, derivadas das tensões oriundos do conflito psíquico, sobre o qual se estrutura o sujeito.

O excesso bizarro em *Laranja mecânica* mimetiza uma percepção de si que, via de regra, todos nós temos: a não-acoplagem entre o objeto e seu investimento, entre a fantasia e a dimensão pulsional mais profunda. Assim interpretado, o filme se mostraria como uma espécie de "verdade" acerca do desejo, mas, como uma imagem que, positivamente realizada, presente em toda sua articulação, realiza o desejo de se aperceber nesse descompasso. Nessa medida, o que haveria de verdadeiro em termos "teóricos" sobre o desejo é vivido de forma falsificadora como sua positivação, pois sua encenação metafórica não está isenta do desejo de ver realizado aquilo que se quer compreender. Em outras palavras, podemos dizer que o filme é catártico, produzindo, através da positividade do deslocamento e mobilidade bizarros das imagens, uma espécie de satisfação de tornar concreta, palpável, tangível, a inadequação fantasística, contraditória e violenta dos desejos.

Toda a atmosfera como que em transe vivida pelos personagens está eivada de violência, mas sem a suavização simbólica do embate de uma guerra, da ganância empresarial ou de qualquer outra em que o exercício do poder e de sua execução forçada tivesse uma "explicação" mais claramente discernível, mesmo que não chegasse a ser uma justificativa. Nesse sentido, é interessante notar a ênfase que é dada ao caráter mesquinho, covarde, acintoso, gratuito, das agressões e assassinatos, encenados no filme e descritos no livro homônimo de Anthony Burgess com requintes de crueldade e apatia jocosa. As vítimas preferenciais da gangue de Alex são velhos, velhas e bêbados, ou seja, pessoas indefesas. O velho bêbado do capítulo 2 do livro implorou piedade de uma forma humilhante, pedindo para não ser agredido em função de não dar mais valor à vida, quer dizer, somente valeria a pena espancá-lo se ele ainda a valorizasse. A briga com a gangue de Billy Boy é descrita inicialmente como se houvesse equilíbrio de força, até de inferioridade da turma de Alex, mas a corpulência idiota de Tosco inverte a situação, e a briga decorre como um massacre.

Interessante é notar, agora, a simetria quase matemática entre a polaridade aberrante dessa violência desenfreada e a estupidez cadavérica da proposta de condicionamento de Alex. Como contrapartida de uma violência sanguinária que se desdobra como metástase em uma explosão cancerosa, tem-se a personificação da frieza glacial de se querer esvaziar a subjetividade de sua substância, ou seja, o livre arbítrio. Na obra de Burgess, mais do que no filme, os personagens assumem abertamente, em várias ocasiões, serem contrários a essa anulação do poder de escolha. Diante do fato óbvio e ululante de que é um despropósito radical o condicionamento realizado com o personagem, é muita ingenuidade, ao comentar o filme, sequer levantar a questão da legitimidade do Estado para realizar aquela proposta estapafúrdia. Trata-se, na verdade, tanto na exposição da violência a ser curada quanto, em seu remédio, de uma explicitação irônica, porque hiperbólica, dessa polaridade indivíduo-sociedade. O filme teria chances de ter um valor estético real se aprofundasse a ironia, em vez de encaminhá-la para um discernimento cada vez mais claro de que há uma forma de o antagonismo indivíduo-coletividade ser equacionado através de seu valor de face, qual seja, a brutalidade do social, que acaba sendo empurrada ao longo da narrativa para a dimensão política em sentido estrito, contraposta ao destempero e inconformidade do indivíduo: este é a pessoa, com sua liberdade estranha, às vezes bizarra, exagerada, grotesca, e a coletividade é o Estado, são os políticos, é a mídia, é o interesse público, é a Igreja, etc. O fim do filme diz: veja, o indivíduo é excessivo, com sua insensatez mesclada ao prazer de ser si mesmo, produzindo feridas indesejadas no corpo coletivo (mesmo que não tão brutais como na tela), mas, afinal de contas, não merece perder esse bem tão precioso que é sua liberdade, pois bastaria que ele assimilasse melhor seus limites, quem sabe se satisfizesse apenas no âmbito da fantasia (que poderia ser tão desregrada quanto no filme), e aí tudo poderia continuar como sempre foi, só que sem ninguém se ferir, nem se anular. Deve-se recordar que a cena final restaura a conexão da libertinagem com o senso de individualidade, mas esse retorno de final feliz é feito aliando-se o fim da alienação com o gozo da sexualidade jubilosa, e não com a violência mesquinha (Alex se imagina transando com uma ninfa do Olimpo, e não espancando velhinhos indefesos).

Apesar do movimento de falsificação produzido pela positividade do modo como a violência é apresentada, o filme possui uma característica interessante, que é a de conectá-la enfaticamente à sexualidade, tornando explícita a dificuldade de se conceber o gozo da transgressão. O grande problema é que o limite a ser transgredido é sempre visualizável como residindo no outro, seja este representado pela moral social, pelos colegas da turma, pelas instituições políticas ou religiosas, etc. Para compensar este excesso da exterioridade do limite, temos a maciça insistência no delineamento de um limite interno, constantemente violado: a sensibilidade estética tocante de Alex. De modo bem mais ostensivo no livro do que no filme, o protagonista critica diversas vezes o mau gosto da música pop, regozijando-se com seu pertencimento ao universo sublime da música erudita. O sentido mais imediatamente identificável para essa faceta do personagem pode ser dita como de inspiração cristã: mesmo no mais perverso dos canalhas reside algo de bom, humanamente louvável. Essa característica permite a identificação do espectador com o protagonista, favorecendo a percepção de quanto o condicionamento, ao afetar esse espaço íntimo, "foi longe demais", por ser desumano ao anular a única coisa propriamente humana em um ser degenerado. Para nós, entretanto, é interessante observar que, diferente das outras transgressões, esta não está associada a nenhuma forma de prazer vivida pelo protagonista. (Poderíamos dizer que há sadismo por parte dos cientistas, e vemos tal explicitado na figura do escritor cuja mulher foi assassinada, mas esse é o mesmo registro do que havia sido praticado por Alex: a ruptura deliberada de um limite dado pelo outro. Fica totalmente fora de circuito a associação entre a transgressão do limite interno e o prazer, que aparece no próximo filme que comentaremos.)

Nessa polaridade entre o interno e o externo, o filme retirou uma problemática mais claramente presente no livro: o amor, a bondade, a sujeição e o masoquismo em Alex eram formas de aliviar o sofrimento com a idéia de praticar a violência. Como exemplo, citamos o tratamento diferenciado da cena em que Alex, ao demonstrar para a platéia o sucesso de seu tratamento, foi forçado, para evitar o enjôo característico que experimentava com a violência, a demonstrar uma forma de amor "que é considerada extinta desde a Idade Média" (BURGESS, 2004, p. 129), como disse o Dr. Brodski, ou seja, o amor abnegado, cortês. Veja-se, a esse respeito, que no livro o padre termina por aquiescer à prática terapêutica: "funciona muito bem. Que Deus nos ajude a todos" (p. 130) – e isso em função precisamente da demonstração de que o tratamento envolvia a manifestação de amor. Kubrick, diferentemente, prefere manter apenas o nojo vivido por Alex em relação à sexualidade, o que demonstra o desejo do diretor de evitar a tensão causada pela interiorização (subjetiva) do conflito entre a violência e tudo o que se liga a ela. Encontraremos no filme de Lars von Trier o espaço em que essa interioridade é trazida à baila.

## A substância humana: a narrativa hiperdidática de *Dogville*

"Ah... um filme inteligente": é a primeira coisa que pode vir à mente nas primeiras cenas de *Dogville*, "e feito", acrescenta-se, "para pessoas também inteligentes". O fato de ser todo construído sobre um palco próprio de um teatro – um piso em que todas as construções são apenas demarcadas em linhas brancas, com alguns objetos, como mesas, camas, poucas portas, e outros detalhes cenográficos – confere uma atmosfera *cult* à obra. Desde o início está garantido para cada um dos espectadores a certeza de estarem distantes do caráter superficial das produções de cultura de massa, que normalmente possuem o brilho adocicado dos sorrisos da dupla romântica ou da sensualidade apelativa da pornografia. O filme assume de forma escancarada sua dimensão ficcional, dando a entender que não se trata de mais uma tentativa de vender imagens idealizadas do que normalmente as pessoas gostariam de ser, ou seja, super-heróis, ricos, sensuais, femininos, etc. Ocorre, entretanto, algo interessante ao longo do filme, já notado por alguns comentadores, que é o fato de que quase nos esquecemos desse caráter teatral do cenário, mergulhando na trama hiperbolicamente densa da narrativa. Tanto mais claramente o palco é fictício, tanto mais realidade ganha o envolvimento com a profundidade emocional dos personagens. Essa estrutura, a rigor, pode ser vista como uma duplicação enfática daquilo que queremos perceber na vida cotidiana: o mundo não tem importância, tudo é por demais pequeno se comparado à densidade de meu mundo interior. A recusa da naturalidade em *Dogville* acaba se mostrando como a realização de uma outra, só que metafórica (para pessoas "inteligentes").

*Dogville* é didático. A divisão em capítulos precedidos de anúncios de cada tema mostra o tom da obra como um todo: encaminhar a percepção da metamorfose sucessiva das reações, atitudes e sentimentos na tela. Temos um roteiro para assistir às vicissitudes, reviravoltas e desfechos nos diversos graus de tensão que o envolvimento íntimo dos personagens pode proporcionar. *Dogville* é, na verdade, acintosamente didático, talvez para compensar a abstinência de vínculos com o mundo externo, também representada metaforicamente no isolamento da cidade, cujos habitantes nem sequer participam das eleições. De modo análogo a como Grace mergulhou sem escapatória no universo canino da maldade infinita, também o espectador o faz na atmosfera enfaticamente humana do filme. Sinta na pele, no coração, nos ouvidos, na alma enfim, o quão tenso e profundo é o universo radicalmente contraditório dos seres humanos. Veja até onde pode chegar um ser pacato, humilde e sereno. Veja o quanto a superfície – seja ela o que for: bela, simples, infantil, abobalhada ou simplória – é desprezível perante o mar revolto das emoções virulentas, demoníacas, mesquinhas, covardes ao ponto de não se acreditar que um ser humano consiga continuar humano mesmo possuindo-as.

*Dogville* é irônico? Sim; é tudo extremo demais: da escassez de elementos no cenário à maldade sem limites de acorrentar uma garota indefesa e acusada injustamente; da subjugação vergonhosa da própria vítima até sua fúria incontida de assassinar criancinhas com mais impiedade do que praticaram com ela. Tal como vimos em *Laranja mecânica*, o caráter ficcional e a ironia são bem explícitos, fazendo com que tudo seja vivenciável como jogo, sem a necessidade de prestar contas ao senso de realidade, e então toda a narrativa constitui, mesmo em sua escassez radical de elementos cenográficos, um prato cheio para o envolvimento emocional *ad libitum*. *Dogville* foi feito para pessoas que querem sentir de modo mais concreto possível a profundidade de ser humano. Mas se paga um preço por isso. A densidade conturbada desse substrato exige alguma consciência de distanciamento, que é fornecida pela ironia, pela teatralidade do cenário e pelo discurso do diretor em sua relação com os Estados Unidos. O tom panfletário da obra funciona como um anteparo à crueldade, tornando-a digerível em alguma medida, pois, afinal de contas, tudo não passa de uma enorme metáfora.

A violência em *Dogville* possui cinco dimensões: a do pai de Grace e seus gângsters, a abnegação humilhante de Grace, a impotência de Tom, a maldade dos habitantes – todas hipertrofiadas e resolvidas no contexto da vingança definitiva – e o episódico masoquismo de Jason. O prazer no exercício do mal fica patente nas ações dos habitantes da cidade e de sua vítima no desfecho da narrativa; é também perceptível a dor na fraqueza de Tom Edson de evitar o infortúnio de sua amada. A pergunta que não quer calar é: e o gozo masoquista, não o escancarado e infantil – não-sério, diríamos – de Jason, mas... de Grace? – O que figura seu desejo, trazido à baila pela atitude castrada, e portanto frustrante, de Tom? Várias atitudes e frases da protagonista revelam claramente uma entrega deveras convidativa. Seria exagero, mas não muito, dizer que existe simetria quase perfeita entre a sujeição supostamente inocente de Grace e a intrusão medonha de Chuck. Passa pela cabeça de alguém a idéia de que Grace estaria gostando da violência sexual contra ela? Algum devasso ou devassa poderia cometer o sacrilégio de se excitar na primeira cena de estupro, meticulosamente trabalhada? Se isso acontece será por perversão e libertinagem imaginária do espectador ou pode ser tributado à oferta do prazer estético do filme? Indo direto ao ponto: *Dogville* é pornográfico? Para nós não há dúvida de que é, só que de modo menos explícito do que se pode pensar. Como nada em *Dogville* é literal, sua pornografia também não, e na verdade seu suporte é precisamente a dissimulação irônica e teatral sofrida pelo desejo feminino de Grace. A pergunta que fiz acima, de se ela estaria gostando da violência, pareceu-nos especialmente justificada em um fragmento de cena em que ela acabara de ter relação com Chuck e se recompunha ajeitando o vestido. Toda a indignação e a tremura física do primeiro estupro foram completamente apagadas. É bastante nítido o clima de normalidade que inspira uma ação corriqueira. Mas como é preciso manter afastada a literalidade de tudo o que acontece, logo em seguida ela será mais uma vez humilhada com a acusação explícita de que se insinuava ao estuprador. Em outras palavras, para manter implícita a idéia do desejo masoquista de Grace, nem a recusando totalmente, nem lhe dando realidade substantiva, ela é exposta de forma acintosa e vexatória.

É nesse contexto de conjuração estropiada do desejo masoquista que é pertinente analisar a vingança derradeira de Grace. Ela me parece ter duas dimensões interessantes, delineadas com clareza no assassínio coletivo dos habitantes e no praticado por ela mesma. Se a hipótese da fantasia masoquista procede, a ela se deve somar também a impossibilidade de sua aceitação como normal, demonstrável publicamente. O resultado dessa conjugação é a necessidade de realizar de forma literal, tanto nos habitantes quanto em Tom, aquilo que foi vivido no âmbito da fantasia nas atitudes de crueldade e de violência sexual, que é a anulação do ego. Cada uma dessas cenas configura metaforicamente uma espécie de morte, mesclada de forma incompreensível ao gozo da entrega, da subjugação. A morte literal no desfecho da narrativa toma o sentido de uma recusa enfática de ter, afinal de contas, gozado com a violência, ao mesmo tempo usufruindo dela, adotando a posição simétrica, e eliminando de vez o substrato material de sua realização na forma radicalmente repugnante. O assassínio pessoal realizado por Grace tem um sentido a mais. Explicitamente, Tom é punido por sua impotência covarde, a que se somou seu individualismo quase esquizofrênico, mas lido a partir do desejo de Grace, é como se ela o possuísse de forma definitiva, arrancando-lhe a vida, uma vez que não obtive dele o que ela queria: ser possuída, e isso num duplo sentido, tanto em termos diretamente sexuais, quanto de não ter sido abandonada à matilha da Cidade dos Cães.

## O gozo do mal: a catarse da violência em *Cidade de Deus*

O filme de Fernando Meirelles pratica o que Adorno chamou de uma regressão mimética, patente na necessidade viciada de reprodução do cotidiano, de se ver, experimentar, que o mundo é tal como se pensa que é, incluindo a existência do sofrimento, do infortúnio, da maldade, da violência. Está em jogo apropriar-se do trágico, apresentando a maldade como elemento necessário para justificar a vida, fazê-la ter sentido. Tal como em *Dogville*, mas com outros meios, temos imagens positivas do mal radical, da perversidade sem limite, acima de qualquer dúvida, que sempre existe, em alguma medida, na visão e/ou fantasia de cada um sobre si mesmo e sobre o outro.

No filme, essa vivência da negatividade se exprime na experiência com a alteridade, especialmente para a classe média, que precisa se definir em relação à classe baixa e à alta. Frente à primeira, é preciso ter caridade, mostrar "nobreza de espírito", reconhecimento, solicitude, etc., e à última, obediência e identificação. – Nesse aspecto, há uma dialética "jornalística" de todo o filme, uma tensão entre participar, engajar-se e apenas saber. Falaremos disso mais adiante.

Há várias estratégias na apropriação do sofrimento, do mal radical, como constituinte estético que possibilite a catarse em relação a ele. O filme *Cidade de Deus* opta explicitamente pela conjugação da pobreza e da violência. A radicalidade do mal está associada à crueldade infinita, à violência desprovida de qualquer dúvida sobre seu componente sádico. Entretanto, da mesma forma que não existe a percepção íntima do mal que não esteja acompanhada da consciência de que não deve ser assim, alguns personagens encarnam essa contraface do mal absoluto, como uma espécie de bandido de boa consciência, cuja maldade é dirigida apenas para a atitude ilícita, isenta do sadismo gratuito, que é por assim dizer despejado com toda virulência na personagem de Zé Pequeno.

Toda a dinâmica do filme consiste em uma articulação de imagens positivas da violência. Entretanto, tal como nas duas obras anteriores, em vez de uma violência desviada simbolicamente, acentua-se, uma vez mais, seu caráter sexual, que envolve uma relação de proximidade entre alguns personagens. É precisamente esta vinculação íntima entre quem pratica e quem sofre o mal que estabelece a uma espécie de ponte, de veículo, para o processo de identificação do observador com a obra.

O início do filme já nos mostra claramente que ele terá como um de seus elementos fortes a realização pouco dissimulada de fantasias sexuais sádicas e masoquistas. A justaposição de imagens, cujo foco é bastante próximo, de uma faca sendo afiada e o pescoço de um frango é um emblema bastante claro da fantasia de castração, vivida simultaneamente como ameaça para o outro, desejo e a punição para si mesmo. A fragilidade do animal, mostrado logo após em uma correria desenfreada, enfatiza tanto a disparidade de forças, quanto sua assimetria, na medida em que o mais fraco aparece como mais ágil, capaz de ludibriar aquele cuja força é infinitamente maior. Isso propicia um gancho para o espectador praticar a identificação masoquista com quem sofre, pois, afinal de contas, embora fraco, é mais esperto e ágil, habilidoso. Outra cena que revela o teor sexual da violência do filme é a que se passa em uma casa noturna, quando Zé Pequeno humilha ostensivamente o namorado de uma mulher pela qual se interessou. Essa situação pode ser comparada claramente a uma outra em que esse protagonista pede a uma criança para escolher qual das outras duas, que participaram de um furto na favela, deverá morrer. Em ambos os casos, o prazer sádico de Zé Pequeno consiste na humilhação e degradação infinita de uma pessoa colocada sob o olhar ou ação impotente de terceiros, cuja passividade é tão desesperadamente dolorosa quanto o sofrimento da vítima, literal. Outro momento dessa estratégia, também relacionada com o teor sexual explícito é o assassínio coletivo no motel, que mais tarde se saberá como tendo sido praticado pela criança já absolutamente sádica de Dadinho.

Apesar dessa estratégia aproximativa enfática, o filme vai se mostrar cada vez mais vinculado com outro componente em termos de fantasia sexual, que é o voyeurismo. O narrador personagem não é apenas aquele que tudo vê, mas também que tudo registra através de sua câmera fotográfica. Na medida em que o processo de identificação com ele é automático, devido à sua presença ininterrupta como narrador até o final do filme, somos levados a assumir essa postura de meros observadores de toda tensão da crueldade mostrada insistentemente ao longo da obra. Apossamo-nos dela pelo olhar – pela câmera – e nos dispensamos da exigência de dela participar, excusados pelo vínculo cognitivo. O diretor usa a insinuação de uma abordagem documental na parte inicial do filme ao relatar o que cada personagem é e um pouco de sua história, congelando a imagem como se fizesse parte de um acervo fotográfico. Trata-se de firmar progressivamente no espectador o prazer de constatar o real em sua qualidade própria, fundamentalmente da presença do sofrimento e da maldade aliados à pobreza extrema, ao mesmo tempo em que o determina como um prazer da mera contemplação, do distanciamento. Quem viu o filme deve se identificar com as cenas de maldade e de sadismo, conservando, ao mesmo tempo, a sobriedade da consciência de que tudo aquilo não acontece com ele/ela. Toda obra de indústria cultural sempre tem este duplo movimento de identificação e de manutenção da distância contemplativa, lúdica, necessária para a catarse dos sentimentos envolvidos, mas *Cidade de Deus* o estabelece a partir de elementos concretos de sua linguagem fílmica.

Além desse elemento metafórico interno, o filme, em sua totalidade, enfatiza seu caráter de constatador da existência do real. Trata-se de dar a quem o vê o prazer de uma espécie de consciência total, inequívoca e radicalmente forte da realidade como algo a ser possuído pelo olhar. A pobreza, a fome, o sofrimento e a maldade são como nutrientes para esse enorme olho faminto que pretende devorar seu outro através de uma consciência hiperbólica de sua alteridade em uma imagem radicalmente positiva. Essa estratégia pode ser apreciada em toda a sua extensão na cena em que Zé Pequeno invade o esconderijo de um rival que pretende aniquilar, apossando-se de sua área de atuação. Repete-se infindáveis vezes o momento da invasão do local ("Dadinho o carai: meu nome é Zé Pequeno, porra!") e sob diversos ângulos, cuja conseqüência é a saturação de nossa consciência da realidade do evento. Essa cena acaba mostrando algo do sentido de todo o filme: o fato, o real, não tem importância nenhuma, pois o que conta para nosso prazer é unicamente o senso de posse fornecido pelo conhecimento (ocular, fotográfico, jornalístico, fílmico) sobre ele. O espectador, como em toda a indústria cultural, se regozija não com a própria obra, mas sim com um reflexo que ela produz do que ele gostaria de perceber claramente em si, que, no caso de *Cidade de Deus*, é o poder da consciência distanciada de que o mal e o sofrimento existem de forma inequívoca no mundo que habitamos e em nós mesmos.

Como falamos anteriormente, o filme tem um componente sociológico que é a relação da classe média com os extratos inferiores da pirâmide social. Isso é mostrado através do vínculo amoroso que Busca-pé estabelece com a jornalista, representante da classe média e que possui sensibilidade para essa dimensão de alteridade em termos sociais. O próprio Busca-pé será mostrado em sua glória ao emergir da pobreza rumo a uma profissão mais digna, inserindo-se no estrato social próprio do consumidor do filme.

Ao mesmo tempo em que caminha para esse desfecho de final feliz, com a glória de Busca-pé, temos uma espécie de descarga emocional definitiva através de uma vingança especialmente simbólica. Logo após mostrar que as mazelas da classe baixa também se infiltram na classe média, através da corrupção escancarada dos policiais, a morte de Zé Pequeno ocorre por uma saraivada de tiros, cuja quantidade talvez seja a mesma das mortes que ele perpetrou. Ao mesmo tempo, os assassinos são crianças, seres mais frágeis do que ele, do mesmo modo como todos os que ele assassinou também eram inferiores, mais fracos. Mas, de modo diferente da pequena galinha no começo do filme, Zé Pequeno não pôde salvar seu pescoço.

## A fantasia: entre o real e o ficcional

Os três filmes que analisamos estabelecem o diálogo entre a realidade e a ficção, o literal e o metafórico, ao redor do centro gravitacional fornecido pelo impacto subjetivo da violência. Uma vez que esta sempre envolve alguma forma de contradição, ela é assimilada, na construção estética das obras, através de determinadas formas dicotômicas de vínculo com a realidade, que tornarão mais palatável a carga emotiva decorrente das cenas de agressão, martírio, impotência, humilhação, etc. *Laranja mecânica* o faz pela ligação entre a ironia de sua estética *kitsch* e a construção de uma determinada visão ético-filosófica de mundo; *Dogville*, a partir do contraste entre a mera narrativa teatral despojada e a concretude viçosa do sentimento; e *Cidade de Deus*, através da polaridade entre o engajamento com o real e a distância contemplativa. Este último vai do pseudodocumentário para a narrativa tradicional; o segundo vai da narrativa abertamente ficcional para o envolvimento afetivo e pseudo-panfletário; o primeiro parte do lúdico e chega ao pseudo-filosófico. Isso significa que todos os três diluem a violência em um meio que serve como um colchão protetor para quem os assiste: Meirelles usa a narrativa jornalística pseudo-documental sobre a pobreza; Lars von Trier, a retórica política proto-ativista antiestadunidense; Kubrick, a poética *kitsch* ao redor de filosofemas sobre condição humana.

Todos os três colocam a questão: o que eu faço aqui? Qual meu papel? O que eu represento, em termos individuais, na trama coletiva? Falam da dureza do vínculo entre o indivíduo e coletividade: quem é vítima de quem? Em todos os três a violência é mostrada como exercida pela coletividade contra o indivíduo e por este contra aquela. Ao mesmo tempo em que se explicitam desajustes, contradições, excessos e incompatibilidades entre tais pólos, a positividade das cenas de violência não deixa dúvida em relação a quem a pratica e a quem a sofre, ou seja, tem-se clareza acerca de quem a deseja, e de quem quer evitá-la em cada momento. Não que chegue a haver uma polarização maniqueísta, contrapondo-se bons e maus, embora nos pareça que *Cidade de Deus* é o que mais se aproxime disso, mas cada ato de violência, vivenciado como imagem positiva no contexto da narrativa, recebe o sentido de ser um meio para digerir uma contradição interna que parece refratária em seu núcleo mais vertiginoso. Se a catarse é definida, por analogia ao processo corporal, digestivo, como o alívio emocional decorrente da consciência forte do contato com aquilo que se gostaria de esquecer, recalcar e expulsar, então podemos dizer, junto com Adorno, que toda a indústria cultural é sempre catártica, e, no que concerne à violência, de nosso ponto de vista, trata-se de uma figuração positivada da violência contraditória do desejo de que falamos antes. Adorno e Horkheimer dizem, não apenas especificamente sobre a violência, mas de toda a interioridade psicológica, que ela foi sempre tolerada pelas pessoas nos produtos de indústria cultural

> como um ingrediente ao mesmo tempo penoso e agradável, para que possam dominar com mais segurança na vida real seus próprios impulsos humanos. Neste sentido, a tragédia realiza a purificação das paixões que Aristóteles já atribuía à tragédia e agora Mortimer Adler ao filme. Assim como ocorreu com o estilo, a indústria cultural desvenda a verdade sobre a catarse. (ADORNO; HORKHEIMER, 1998, p. 166)

Uma vez mais, quer-se enfatizar o princípio da manipulação, da dominação reificada que tende a suprimir qualquer grau de espontaneidade:

> A interioridade, forma subjetivamente limitada da verdade, foi sempre mais submissa aos senhores externos do que ela desconfiava. A indústria cultural transforma-a numa mentira patente. (1998, p. 166).

Em contraste com isso, dizemos que é preciso enfatizar que este processo catártico ocorre como um gozo, e como toda e qualquer de suas formas, desde a mais alienada e fundada em estereótipos, até a mais (em tese) consciente de si, é contraditória, pois significa um retorno a uma vivência subjetiva em que um *maximum* de prazer se mescla de forma incompreensível à ruptura violenta do próprio eu. Desse modo, dizemos que toda forma de gozo envolve sempre o desejo de se defender dele. As formas de equacionar o que a psicanálise não se cansa de apontar solução de compromisso entre o desejo inconsciente e as defesas narcísicas do eu, são infinitas e podem ser pensadas em sua diversidade a partir da variação cultural e também da igualmente infinita divergência individual na assimilação dos padrões societários. Em que pese este jogo caleidoscópico dos caminhos trilhados pelo desejo, podemos distinguir, por assim dizer, determinadas estratégias gerais, compartilhadas não só pelos indivíduos, mas também pelas culturas. De acordo com a similaridade temática dos filmes que abordamos, queremos nos referir à dualidade real-ficção.

Um dos elementos clássicos da psicanálise, presente desde os primeiros escritos de Freud sobre a histeria, é a idéia de que muito do sofrimento neurótico pode ser entendido em função do quanto o indivíduo confunde os planos da realidade e da fantasia. Ilustremos com um exemplo. Alguém que, ao falar em público, fica nervoso, com taquicardia e sudorese nas mãos, podendo até desmaiar, vivencia essa situação de se expor publicamente – de acordo com a psicanálise – como realizando uma fantasia sexual recalcada. Ao mesmo tempo em que se excita por esse vínculo associativo, treme e se angustia devido à memória inconsciente de perigo para a integridade do eu. Está em jogo propriamente o que chamamos de conflito psíquico: o sujeito é fortemente atraído por uma fantasia, à qual ele, ao mesmo tempo, quer negar sua validade. O interessante é que, como resultado, temos o inverso, pois, na verdade, o nervosismo demonstra que a esta fantasia é conferido um grau de realidade que ela não deveria ter. Um trabalho analítico, em tese, seria bem sucedido caso conseguisse conduzir esta pessoa ao discernimento do quanto o gozo prometido por essa fantasia recalcada é real, é efetivamente procurado, de modo a que ele deixe de ter medo desse prazer obscuro. Como conseqüência desse discernimento da legitimidade da *força* da fantasia, a sua *realidade* no momento de falar em público pode ser negada, que é o que o esforço do recalcamento tentava fazer, só que cegamente. Assim, para que a fantasia recalcada não tenha uma realidade indesejável, deve ter sua força, sua atratividade gozosa, reconhecida. A grande dificuldade reside no fato de que esta legitimidade somente é reconhecida na medida em que, à fantasia, se atribui algum tipo de realidade, ou seja, da vivência de uma determinada cena, da construção de uma imagem, de uma ação entre personagens, entre os quais o eu sempre está presente. Além disso, outra grande dificuldade, que precisa ser mencionada, é a de que toda fantasia contém um grau de ilusão substantivo, devido àquela contradição a que nos referimos mais de uma vez. A partir desse quadro, vemos que a encenação lúdica, ficcional, da violência – tal como procuramos ilustrar com a análise dos três filmes – é uma resposta à indecidibilidade do teor real-ilusório e legítimo-irreal do núcleo vertiginosamente violento e antinômico dos desejos recalcados.

## Referências

ADORNO, T. W.; HORKHEIMER, M. *Dialektik der aufklärung*. Frankfurt am Main: Suhrkamp, 1998.

ADORNO, T. W. *Zum verhältnis von soziologie und psicologie*. Frankfurt am Main: Suhrkamp, 1998.

ADORNO, T. W. *Die revidierte psychoanalyse*. Frankfurt am Main: Suhrkamp, 1998.

ADORNO, T. W. *Postscriptum a zum verhältnis von soziologie und psicologie*. Gesammelte Werke, v. 8. Frankfurt am Main: Suhrkamp, 1998.

ANDRÉ, Jacques. *As origens femininas da sexualidade.* Tradução de Vera Ribeiro. Rio de Janeiro: Jorge Zahar Editor, 1996.

BURGESS, A. *Laranja mecânica.* Tradução de Fábio Fernandes. São Paulo: Aleph, 2004.

COOK, D. *The culture industry revisited: Adorno on mass culture.* Boston: Rowman & Littlefield, 1996.

DUARTE, R. *Teoria crítica da indústria cultural.* Belo Horizonte: Ed. UFMG, 2003.

FREITAS, V. *Adorno e a arte contemporânea.* Rio de Janeiro: Jorge Zahar, 2002.

LAPLANCHE, J. *Entre séduction et inspiration: l'homme.* Paris: Presses Universitaires de France, 1999.

LAPLANCHE, J. *Freud e a sexualidade. O desvio biologizante.* Tradução de Lucy Magalhães. Rio de Janeiro: Jorge Zahar Editor, 1997.

LAPLANCHE, J. *Novos fundamentos para a psicanálise.* São Paulo: Martins Fontes, 1991.

LAPLANCHE, J. *La revolución copernicienne inachevée.* Paris: Aubier, 1992.

LAPLANCHE, J. *Vida e morte em psicanálise.* Tradução de Cleonice Paes Barreto Mourão e Consuelo Fortes Santiago. Porto Alegre: Artes Médicas, 1985.

RIBEIRO, P. C. *O problema da identificação em Freud. O recalcamento da feminilidade primária.* São Paulo: Escuta, 2000.

## Filmes analisados

*Cidade de Deus.* Direção: Fernando Meirelles. 2002.

*Dogville.* Direção: Lars von Trier. 2003.

*Laranja mecânica.* Direção: Stanley Kubrick. 1971.

# Os autores

**Almir de Oliveira Junior**
Doutor em Sociologia e Política pela UFMG e professor da PUC Minas. Membro do Conselho Técnico do Instituto da Criança e do Adolescente da Pró-Reitoria de Extensão da PUC Minas e pesquisador de políticas públicas; adolescência, juventude e violência; cultura e atuação policial; sociologia organizacional. E-mail: *almir@pucminas.br*

**Célia Auxiliadora dos Santos Marra**
Mestre em Educação pela PUC Minas e integrante do Grupo de Pesquisa EDUC – Educação e Culturas – PUC Minas. E-mail: *ceadi@uai.com.br*

**Gilmar Rocha**
Doutor em Antropologia Cultural pelo IFCS-UFRJ. Professor da PUC Minas e membro do Conselho Técnico do Instituto da Criança e do Adolescente da Pró-Reitoria de Extensão da PUC Minas. Pesquisador nas áreas de cultura popular, religião e educação. E-mail: *gil@pucminas.br*

**Iza Rodrigues da Luz**
Doutora em Educação pela FaE/UFMG e professora adjunta da Universidade de Brasília (UNB). E-mail: *izaluz@bol.com.br*

**Luciano Campos da Silva**

Doutor em Educação pela FaE/UFMG e professor adjunto da Universidade Federal de Ouro Preto. E-mail: *lucianoo3@ig.com.br*

**Luiz Alberto Oliveira Gonçalves**

Doutor em Sociologia pela École des Hautes Études en Sciences Sociales. Professor associado da FaE/UFMG e membro do Grupo de Avaliação e Medidas Educacionais da FaE/UFMG. E-mail: *laog@fae.ufmg.br*

**Maria Alice Nogueira**

Professora Titular da FaE/UFMG. Doutora em Ciências da Educação pela Universidade de Paris e coordenadora do Observatório Sociológico Família-Escola (OSFE) da FaE/UFMG. E-mail: *malicen@terra.com.br*

**Paulo Henrique Queiroz Nogueira**

Doutor em Educação pela FaE/UFMG e professor adjunto da UNA. E-mail: *pauloqn@yahoo.com.br*

**Sandra Pereira Tosta**

Doutora em Antropologia Social pela USP. Professora da PUC Minas e coordenadora do Grupo de Pesquisa EDUC – Educação e Culturas da mesma instituição. Coordenadora da coleção Cultura, Mídia e Escola, da Autêntica Editora. E-mail: *sandra@pucminas.br*

**Verlaine Freitas**

Doutor em Filosofia pela UFMG e professor de Filosofia da mesma universidade. Pesquisador das relações entre estética e psicanálise. Página pessoal na internet: *www.fafich.ufmg.br/~verlaine*

QUALQUER LIVRO DO NOSSO CATÁLOGO NÃO ENCONTRADO NAS LIVRARIAS PODE SER PEDIDO POR CARTA, FAX, TELEFONE OU PELA INTERNET.

Rua Aimorés, 981, 8º andar – Funcionários
Belo Horizonte-MG – CEP 30140-071

Tel: (31) 3222 6819
Fax: (31) 3224 6087
Televendas (gratuito): 0800 2831322

vendas@autenticaeditora.com.br
www.autenticaeditora.com.br

ESTE LIVRO FOI COMPOSTO COM TIPOGRAFIA BASKERVILLE
E IMPRESSO EM PAPEL OFF SET 75 G. NA SEGRAC EDITORA E GRÁFICA.